株式会社ノーザンライツ
山口しのぶ

バイト・パートが
ワクワク動きだす!

繁盛店のしかけ48

同文舘出版

はじめに

これまで飲食業、アミューズメント業、小売物販業など、主に多店舗展開をしているサービス業（パート・アルバイトが最前線に立ち、お客様へサービスしている企業）延べ3000店舗をご支援してきました。その中で、パート・アルバイトのやる気を最大限に引き出し、彼らにイキイキ・ワクワクと働いてもらうことに成功している企業には、ある共通のしかけや言葉が随所にあることがわかってきました。

パート・アルバイト比率の高い企業では、スタッフ一人ひとりを戦力化することがお店（企業）の売上、店舗（企業）風土に多大な影響（貢献）を与えていることは言うまでもありません。

また、サービス業は「地域密着型」。店舗で働くパート・アルバイトはむしろ「お客様以上のお客様」であることも忘れてはいけません。

この本では、彼らを戦力化することで、それまでの10倍以上輝かせたしかけをご紹介していきます。皆さまのお店で働いているパート・アルバイトスタッフが、今まで以上にもっともっとお店を好きになる、今まで以上にもっともっとお客様を好きになる、そんなワクワクするお店づくりのヒントになれば、とても嬉しく思います。

２０１１年12月

株式会社ノーザンライツ　山口しのぶ

バイト・パートが
ワクワク動きだす！

繁盛店のしかけ48

目次

はじめに

PROLOGUE

プロのスタッフを育てる4つの法則

STEP 0

入社時のモチベーションをグンと高める！入社前のしかけ11

STEP 1

「8：2の法則」でプロに育てる！しかけ6

STEP 2

「共感自走の法則」でプロに育てる！しかけ9

STEP 3

「ゲームクリアの法則」でプロに育てる！ しかけ12

STEP 4

「感謝の法則」でプロに育てる！しかけ10

カバー・本文デザイン・ＤＴＰ
ホリウチミホ
（ニクスイング）

PROLOGUE

プロのスタッフを育てる4つの法則

ワクワク! ハンジョウテン!

アルバイトスタッフには無限の可能性がある!

「アルバイトをプロに変える」

この言葉を聞いて、「本当?」「そんなこと、できるの?」そう思われている方もいるのではないでしょうか。

実は、当初は私も半信半疑でしたが、これまで仕事を通じて多くのプロのアルバイトスタッフに出会ったことで、今ではアルバイトスタッフには無限の可能性があると確信しています。まずは、数名のプロのアルバイトスタッフをご紹介しましょう。

↓社員の研修指導を担当するパートスタッフ

全国展開するラーメン店に、勤続6年目になる名物スタッフがいます。お店の看板であるにとどまらず、なんとパートスタッフの彼女が社員の研修指導を担当しているのです。彼女の時給は1000円。1日5時間、週5日のれっきとしたパートスタッフさんです。このお店に入社する前、もちろん彼女はラーメン店で働いたことはなく、アルバイト経験も決してたくさんあるわけでもない、いわゆる普通の主婦でした。応募理由は「家から通うのに近く」「子供の手が少し離れたので、子供が学校に行っている間だけ働きたい」というきわめて普通のもの。ですから、入社した当時彼女は、大きな声で接客することも初めての経験で、重い中華鍋を振ることすらできませんでした。その彼女がなぜ社員を研修するほどにまでなったのでしょうか？　答えは単純でした。

「一緒に働いている社員の皆がとっても元気で、自分も早くその一員になりたかったから」

「できない自分が悔しくて、とにかくできるようになりたかった」

そう彼女に感じさせたのは、店長はじめ、一緒に働く仲間の「働く姿勢」が彼女の心に火をつけたからなのです。

↓観光客から感謝の手紙をもらい続けているパートスタッフ

数十店舗を展開する飲食店には、勤務数十年というかなりベテランのパートスタッフがいます。観光地という立地にある店舗で、全国各地からお礼の手紙をもらい続けている名物スタッフさん。彼女の特徴は、単に商品を提供するだけではなく、周辺の見所ポイントやその歴史などを接客の際に少しお伝えしたりと、その心配りが本当にすばらしいのです。もちろん初めから彼女はそうだったわけではなく、働いているうちに、お客様がガイドブックを見ていらしたり、質問をされるうちにそうした心配りができるようになったのです。この店舗で彼女に指導し続けたことは「お客様に感動してもらおう」の1点のみ。彼女なりに「どうしたらお客様に感動してもらえるのか？」を考え実行した結果、お客様からお礼のお手紙をたくさんもらうようになったのです。

「またあなたに会いたくなったので、もう一度来ました」

「あなたに会えたおかげで、旅行がより一層楽しい思い出になりました」

といったお手紙を今でもたくさんもらっているパートスタッフ。すばらしいですよね。

↓「○○さんに配達お願いします」と指名が来るスタッフ

数十店舗展開する宅配ピザ店に、なんと「配達指名が来る名物スタッフ」がいます。ご指名は、近所に住むお年寄りのお客様から。ご家族と離れて暮らしているこのお年寄りのお客様は、3日に一度はピザをご注文されるそうです。それは、「ピザが好きで食べたい」という理由だけではなく、配達のアルバイトスタッフと玄関先で5～10分立ち話しをするのを、とても楽しみにしていらっしゃるからなのです。ですから、違うスタッフが配達に伺った際には、このお客様から苦情の電話をもらったそうです。

「いつも○○さんと話をするのを楽しみに、そちらに注文しているのに、違う人が配達に来た……。○○さんはいないの？」と。

なぜ彼は指名が来るほどになったのでしょうか？　意外にも、このお店の店長がいつも指導していたことを心掛けていただけ、らしいのです。

「食事のおいしさは、味そのものはもちろんだけど、お店の雰囲気やスタッフの接客で全然変わるよね？　私たちの宅配の仕事は、お届けしておいしく召し上がってもらうまでが仕事。飲食店だと何回もお客様と接する機会があるけど、宅配は持って行った時の一瞬しかチャンスはない。その一瞬でお客様に『一生懸命作ったお料理です。温かいうちに召し上がってくださいね』という気持ちを伝えることが大事なんだよ」

店長の言葉通り、彼は宅配のたびに心を込めてお渡ししていただけなのですが、そのうち、お客様からさまざまなお声掛けや質問をもらうようになり、今では常連のお客様と軽い立ち話をするまでになったそうです。

宅配指名が来るスタッフに接客経験はまったくなく、なんとアルバイトもこのお店が初めて。

「うちの店長はあまり細かいことは言わないけど、『お客様との一瞬のチャンス』については1日10回以上は言ってるんじゃないかなぁ？　だから、それだけは絶対やらなきゃって思ってます」

店長の熱い想いが彼の心にスイッチを入れたようです。

↓シフトが終わっても新人にロープレを教えるスタッフ

数店舗展開の居酒屋のベテラン学生スタッフ。大学1年の時からアルバイトを始め、今では入社3年目のベテランです。彼はいつも仕事終了後、新人スタッフに接客のロールプレイング（ロープレ）をしています。

「今日のA卓のお客様にはもっとこんなふうにお勧めしたらよかったよ」

「それではよさが伝わらないよね。こんなふうに言ってみたら？」

と熱心に教えているそうです。もちろん、勤務時間後なので給料は発生しません。彼は自主的に率先して、ロープレをしてくれているそうです。

「僕もはじめは全然できなかった。その時に店長がいつも遅くまでロープレをしてくれてました。店長に教えてもらったように接客したら、お客様から『ありがとう。前に君におススメされたメニュー、おいしかったよ。今日のおススメは？』と聞かれるようになって。それから接客の面白さがわかるようになりました。だから、新人にも僕が教えてあげられたら……と思っているだけですよ」

「何より僕自身が、お店を好きなんですよね。だからお客様にも好きになって欲しいし、新人スタッフにももっと好きになってもらいたい。それだけですよ」

アルバイトスタッフにお店を好きになってもらえれば、おのずとお客様からも愛されるお店になる――よいスパイラルを実践されていますね。

いかがでしょうか？「こんなスタッフがいるなんて信じられない」「うちの店ではあり得ない」そんな感想をお持ちの方もいるかもしれませんね。実際のところ、私もはじめて彼らの姿を目の当たりにしたときには、「こんなアルバイトがいるの!?」と驚きを隠せませんでした。

でも、今思うのは、彼らは決して特殊な例ではないということです。本書でお伝えしていくさまざまな「しかけ」をひとつずつ取り入れることで、スタッフのモチベーションはどんどん高まり、スタッフが率先してお店のために働き出すようになります。そして、お店全体の空気が驚くほど明るく、活気づいていくのです。

ワクワク! ハンジョウテン!

「未戦力賃金」をいくら使っていますか?

なぜ、パート・アルバイトスタッフを戦力化しなければならないのか? 当たり前のような質問ですが、おおかた次のような答えではないでしょうか。

お店を円滑に回していかなければならないから。

お客様にもっとよいサービスを提供しなければ、今の時代では勝ち残れないから。

早期離職を何とかしなければ、常に採用し続けなくてはならないから。

どれも、もっともな答えですね。でもその前に、ぜひ知っておいていただきたい概念があります。それは、「未戦力賃金」。読んで字のごとく、戦力となる前に辞めてしまったスタッフに支払った賃金、戦力にならないまま働き続けているスタッフへ支払っている賃金のことです。

多くのお店(企業)では、戦力となる前に辞めてしまった早期離職者へ支払った賃金だけでも、実は採用経費の約5～10倍という費用が掛かっているのです。実はこの経費は、「人件費」の中に隠れてしまっているため、ほとんどのお店（企業）では意識されることは滅多にありません。そのため、お店（企業）によっては、予想をはるかに超えた膨大な費用になっているケースがあるのです。実際に私がこれまでご支援してきた企業の例を少しご紹介しましょう。

ケース1

約50店舗を展開している飲食業では、未戦力賃金が年間1800万円にも上っています。この企業の1店舗当たりのパート・アルバイト数は15人程度、全社で約750人のパート・アルバイトスタッフが在籍しています。

1ヶ月以内に退職する早期離職者の数は全社で30名ほど、一人あたりの平均給与（交通費や制服代などの諸経費を含む）は10万円に上るため、

10万円×30名＝300万円

300万円を早期離職者に費やしていました。

また、戦力になる前に、3ヶ月以内に離職したスタッフの数は全社で約50名、3ヶ月間の平均給与は一人あたり30万円になるので、

30万円×50名＝1500万円

つまり、この企業では合計1800万円を戦力になる前のスタッフに支払っている計算です。採用費は年間500万円弱ですから、採用費の3・6倍もの未戦力賃金が掛かっていたのです。

ケース2

約30店舗を展開しているパチンコホールでは、未戦力賃金が年間7200万円にも上っています。1店舗当たりのパート・アルバイト数は40人程度、全社で約1200人のパート・アルバイトスタッフが在籍しています。

20万円（1ヶ月間の平均給与．交通費や制服代などの諸経費含む）×60名（1ヶ月以内の早期離職者）＝1200万円

60万円（3ヶ月間の平均給与）×100名（戦力になる前に、3ヶ月以内に離職したスタッフ）＝6000万円

合計すると、未戦力賃金は7200万円にも上ります。

この企業の採用費は年間1600万円ですから、採用費の実に4・5倍もの未戦力賃金が掛かっていたのです。

このように、表からはなかなか見えず、隠れているのが未戦力賃金です。採用費と比べることで、どれだけもったいないことかがおわかりいただけるでしょうか。スタッフを早期に育成して戦力化することは、費用面からみても、非常に重要なことなのです。

皆さんの店舗の未戦力賃金はいったいどれほどになるのか？　計算してみると驚く額になるかもしれません。でも、ご安心ください。ＰＡＲＴ１以降でご紹介するしかけを実践すれば、早期離職するスタッフがいなくなるばかりか、驚くほど成長して、イキイキと働いてくれるようになるのですから。

さっそくそれらのしかけをご紹介したいところですが、その前に、土台となる４つの法則についてお話しさせてください。これまで多くの企業の支援をさせていただくなかで、アルバイトスタッフを戦力化しプロに変え、イキイキ・ワクワクと働いてもらっている企業には共通法則があることがわかってきました。

まずは、４つの法則をご紹介していきます。

ワクワク! ハンジョウテン!

法則1

「8：2の法則」

スタッフを受け容れて、信頼関係を築く

人を育てる上で、相手（アルバイトスタッフ）を理解することが重要なのは言うまでもありません。ただし、正社員と同様に理解しようと努めるのでは十分とは言えません。なぜなら、アルバイトスタッフの「働く理由」は正社員よりも多岐にわたるからです。たとえば、「学業と両立させたい」「空いた時間に働きたい」「留学の費用を貯めたい」など、それぞれ異なる「働く理由」があるのです。働く理由がさまざまということは、つまり、優先事項や価値観も千差万別ということです。まずはそれを受け入れましょう。スタッフはそういった優先事項がある中で（言い換えれば、ある意味制限がある中で）、お客様のためになることをしたい、誰かの役に立ちたい、自分自身も成長していきたい、といった成長意欲も持っているのです。

アルバイトスタッフを取り巻く環境や彼らの価値観をまずは理解した上で、しっかりと彼らの声を聞くことがスタートになります。しっかり声を聞くとは、8聞いて、2話すくらいの割合です。

現実には、店長とアルバイトスタッフのコミュニケーションは、オペレーションを教えたり、業務内容を伝えたり、といったような接し方がほとんどではないでしょうか？　彼らの話を聞くことはほとんどなく、こちらから教えてばかりではないでしょうか？　何度も言いますが、８：２の割合で彼らの本音を引き出していかなくてはいけません。

また、多くの店舗で見かける「よくある失敗」に、店長の価値観や考え方と違うために頭ごなしに彼らを「否定」してしまう、受け入れられないがゆえに「距離を置いてしまって」いる、といったケースがあります。

ここでしっかり覚えておいていただきたいのは、彼らは何らかの制限があるからこそ「アルバイト」「パート」といった雇用形態を選んでいる、ということです（もちろん中には「正社員になれなくて仕方なく」といった方もいるでしょう。実際のところ、最近では正社員志向が高まっています）。

雇用形態がアルバイトだから彼らには成長意欲や達成意欲がない、もしくはスキルが低いということではないのです。彼らの声に耳を傾け、優先事項や価値観を受け入れ、その上での配慮を行なうことを忘れてはいけません。

ワクワク! ハンジョウテン!

法則2

「共感自走の法則」

お店の考えに共感すれば、自分たちで走り出す!

本書をお読みの皆さんは、店長という立場の方が多いのではないでしょうか。職種柄、多くの方は指示を出したり皆をまとめたりするのが得意かもしれませんね。もちろん店長にはそれらの資質が必要です。でも、「それだけでは十分ではない」ということを知っておいてください。

店長の誰もが、スタッフに対して「もっと自分で考えてお客様のために動いてほしい」「もっとお店に貢献してほしい」と思っていることでしょう。そのためには彼らに「自分で考え、自分たちだけで走ってもらう」必要があります。幼稚園にたくさんの標語が貼られているように、100の行動をしてもらうために、100の指示を出さなければいけない——誰でもそんな店舗にしたくはないでしょうし、そもそも、そんなことは不可能ですよね。ですから、大切なことをいくつか教えて、それに共感してもらって、自分たちで考え、自分たちで走ってもらわなくてはいけません。そこで大切なことは、どのようにして「共感」してもらうか?　です。

さきほどご紹介したように、「8：2の割合」でアルバイトスタッフの話を聞き、彼らを受け止めることができているなら、すでに彼らは共感してくれているはずです。時おり「企業理念やハウスルールに共感してくれないスタッフがいる」という悩みを伺うこともありますが、それは共感していないのではなく、彼らと本当のコミュニケーションが取れていないだけなのです。と言うのも、共感できないような理念やハウスルールを掲げている企業や店舗は存在しないからです。

十分なコミュニケーションを取って、スタッフが店長やお店の理念に共感してくれたなら、彼らは自分で考え、自分たちで走っていくことができます。

ただし、ここでちょっとした工夫も必要です。「何をすべきか？」ではなく「何のためにするのか？」を説き続けるのです。たとえば「オーダーをいち早く聞きに行きましょう」ではなく、「オーダーの時に、どうすればお客様に感動してもらえるのか？」を彼らに伝えるのです。その時にも8：2の割合で、彼らに話してもらいましょう。この「何のために」がブレない限り、方法ややり方は彼らに任せ、どんどんチャレンジをさせてあげるのです。そうすることで、常に考え、他のアルバイトスタッフを巻き込み、自分たちで走る「共感自走」ができる店舗になるのです。

ワクワク! ハンジョウテン!　法則3

「ゲームクリアの法則」

ワクワクしながら成長し続ける!

8:2の割合で話を聞いて彼らを受容すれば、理念やハウスルールに共感して、自然と自分で考え、自分たちで走り出すようになります。ただ、そのまま放っておくと、気持ちはすぐに萎えてしまい、逆行してしまいます。

特に若年層のスタッフの場合、アルバイトに対して「自己犠牲が伴う長期的な成長」を期待しているのではなく、「ゲーム感覚で楽しみながら短期的な成長」をしたいと思っています。ですので、入社後1週間、1ヶ月、3ヶ月、6ヶ月、その後3ヶ月ずつといったスパンで、どんどん階段を上っていくような成長感を感じてもらわなければなりません。

その成長も、「今よりほんのちょっとがんばればクリアできるレベル」にしなければいけません。クリアできるラインは成長と共にどんどん上げていって、彼らに「仕事をする=ゲームをどんどんクリアする」という感覚を持ってもらうことが大切です。

「今よりほんのちょっとがんばってクリアできた!」というクリア感をたくさん感じてもらう、つまり小さな成功体験を多く積む

【法則3】「ゲームクリアの法則」

UP!　楽しい!!
成長とともに
クリアレベルは
UPしていきます
クリアできるレベルは
「今よりもほんのちょっと
がんばればできる!」レベル

階段を上るようにステップアップしているような＝クリアしていく感覚が大切。

ことによって、達成できた時の喜び・嬉しさを感じてもらえると、次への挑戦が期待感に変わっていきます。

この法則の面白いところは、挑戦している本人はもちろんですが、周囲のスタッフにもワクワク感が伝染するところです。応援したり、教えあったり……。

特にサービス業の場合はチームで仕事をするわけですから、さまざまなことにチームで取り組んでもらいます。そうすると、チームワークが強くなることは必然、さらにはイキイキ・ワクワクする風土へと変わってくるのです。

ワクワク! ハンジョウテン! 法則4

「感謝の法則」

成長したスタッフは、仲間を理解し受け容れる

スタッフ皆がゲームをクリアして達成感を得ていくと、イキイキ・ワクワクした風土に変わっていきます。皆がイキイキ・ワクワクしている状態になれば、いろんなことへの感謝の気持ちが自然と生まれてきます。来店してくださったお客様へ、教えてくれた店長へ、一緒に働く仲間へと、その感謝の矢印は四方八方へと伸びていくのです。「ありがとう」の感謝の気持ちがしっかりと伝わり、それが周囲へと伸びていく。そんな「ありがとう」の声が飛び交う風土になります。

そして、アルバイトスタッフ一人ひとりの心に、ある意味たくさんの余裕が生まれてくるのです。すると、今度はアルバイトスタッフ同士が「8：2の法則」で、お互いのことを深く理解し、受容できるようになっていきます。

そうなればしめたもの。共感自走↓ゲームクリア↓感謝……と好循環が回って、どんどん元気なお店になっていくのです。

4つの法則の関係

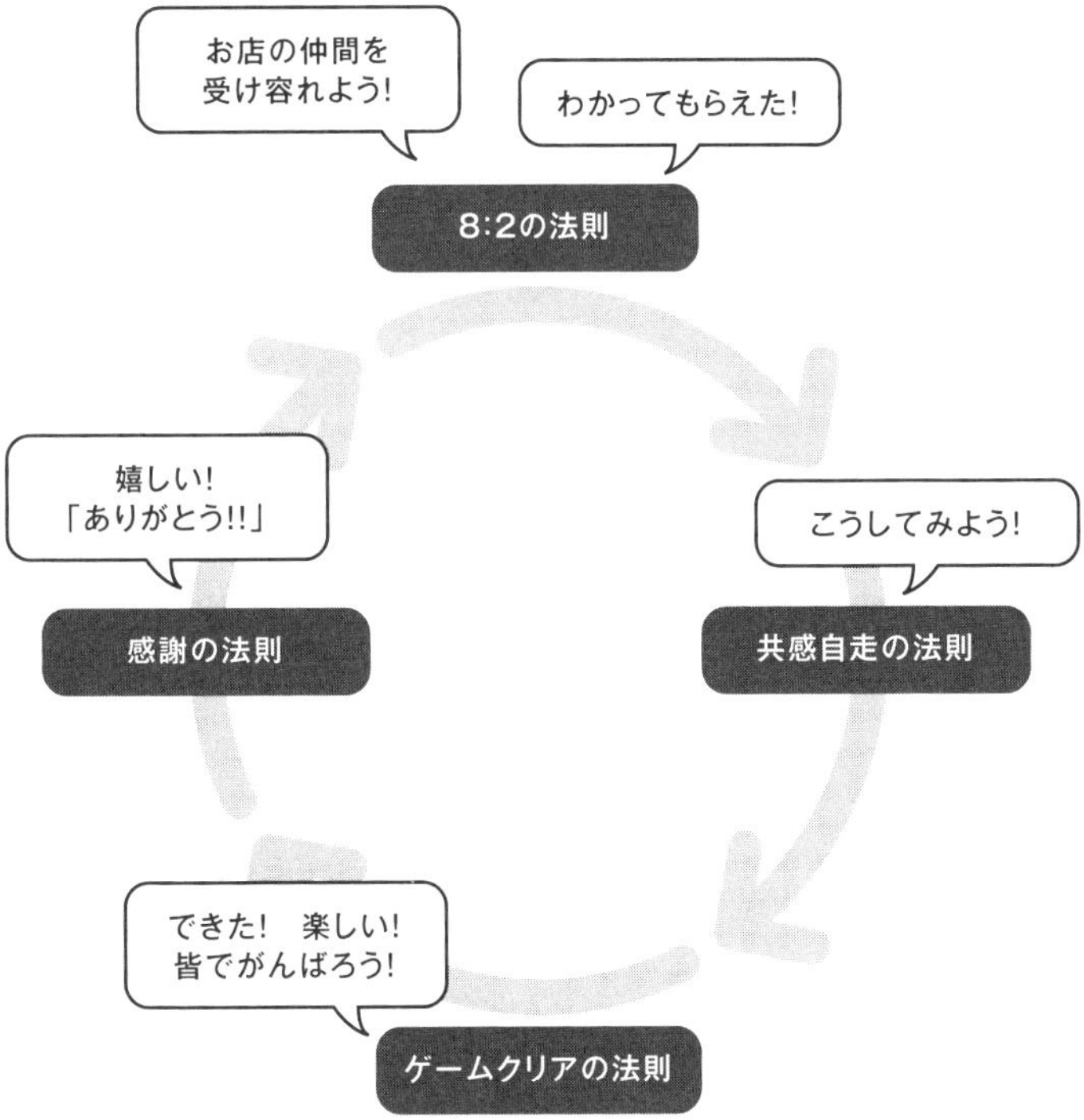
お店の仲間を
受け容れよう!
わかってもらえた!
8:2の法則
嬉しい!
「ありがとう!!」
感謝の法則
こうしてみよう!
共感自走の法則
できた!　楽しい!
皆でがんばろう!
ゲームクリアの法則

「8:2の法則」から「感謝の法則」まですべてがつながって、
よいスパイラルになります。

STEP 0

入社時のモチベーションをグンと高める!入社前のしかけ11

ワクワク！ハンジョウテン！

育成・教育は入社前から始まっている！

この章では、スタッフを戦力化するための「入社前のしかけ」についてご紹介します。なぜ入社前が重要なのか？　それはスタッフ育成とは、実は入社前からすでに始まっているからです。まずは、採用前から入社後3ヶ月までのスタッフの心境、モチベーションの変化をご覧ください。

①応募時：どんな人が店長？　ドキドキ！
②面接時：緊張！　受かりますように！
③合否連絡時：受かった！　嬉しい！
④初出勤前日：うまくやっていけるか不安……。
⑤初出勤日：気疲れ、初めての仕事に疲れが……。
⑥入社後1週間：体力的にも精神的にも疲れが溜まってきた……。
⑦入社後1ヶ月：できることが増えてきた！　少しずつ楽しくなってきた！
⑧入社後3ヶ月：慣れてきた！

合否連絡時をピークに、やる気はいったん下がるため、応募時のモチベーションをいかに高めるかが重要なのです。

スタッフのモチベーションの変化

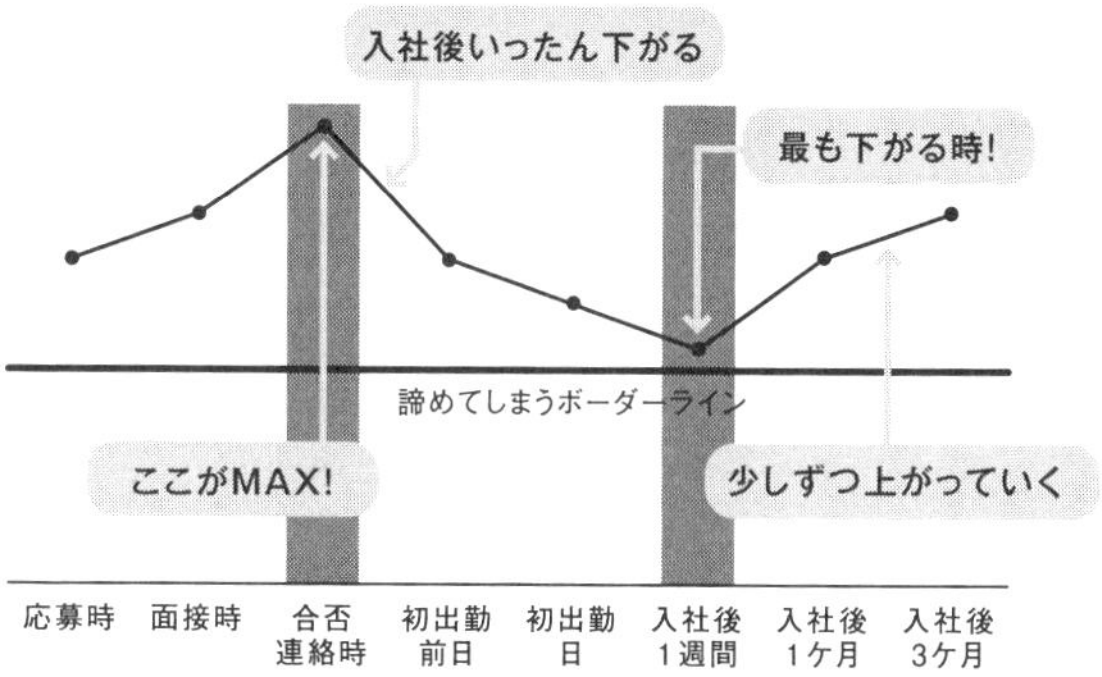
入社後いったん下がる
最も下がる時!
諦めてしまうボーダーライン
ここがMAX!
少しずつ上がっていく
応募時
面接時
合否連絡時
初出勤前日
初出勤日
入社後1週間
入社後1ケ月
入社後3ケ月

Point

どんな人でも合否連絡時をピークに
いったんモチベーションは下がります。
それを踏まえて、応募時のモチベーションを
「いかに高く持っていくのか?」がポイント!

初めが低ければ、出勤初日に来ない
(=他のところに負けた!)

入社後1週間までが最もモチベーションが下がる時。
ココの下げ幅を少なくすることも大切!

入社後1週間出勤すれば、
モチベーションは少しずつ上がります。

ワクワク！ハンジョウテン！ しかけ 1

応募受付での「感謝の法則」

昨今の景気情勢もあって、スタッフの募集を掛けるとたくさんの応募があるかと思います。お店が忙しい時間帯に電話が鳴ることもしばしば。「こんな忙しい時に電話をしてくるな！」そんな店長の本音をよくお聞きします。店長にとって最も嬉しい電話は、お客様の宴会などの予約の電話。応募の電話ははじめこそ嬉しいものですが、たくさん電話が鳴り出すと、ついついぞんざいな応対をしてしまいがちです。

でも、ここで想像してみてください。応募者は、応募する際にはとても緊張していることを。「どんな人が働いているのかなぁ？」「店長っていい人かな？」と不安を抱いています。

そしてその印象は、ファーストコンタクトである応募の電話でほぼ決まります。ある応募の電話で「今、忙しいんだけど、あとで電話してもらえる？」といった応対をしてしまうと、二度と応募してくれることはないと思いましょう。

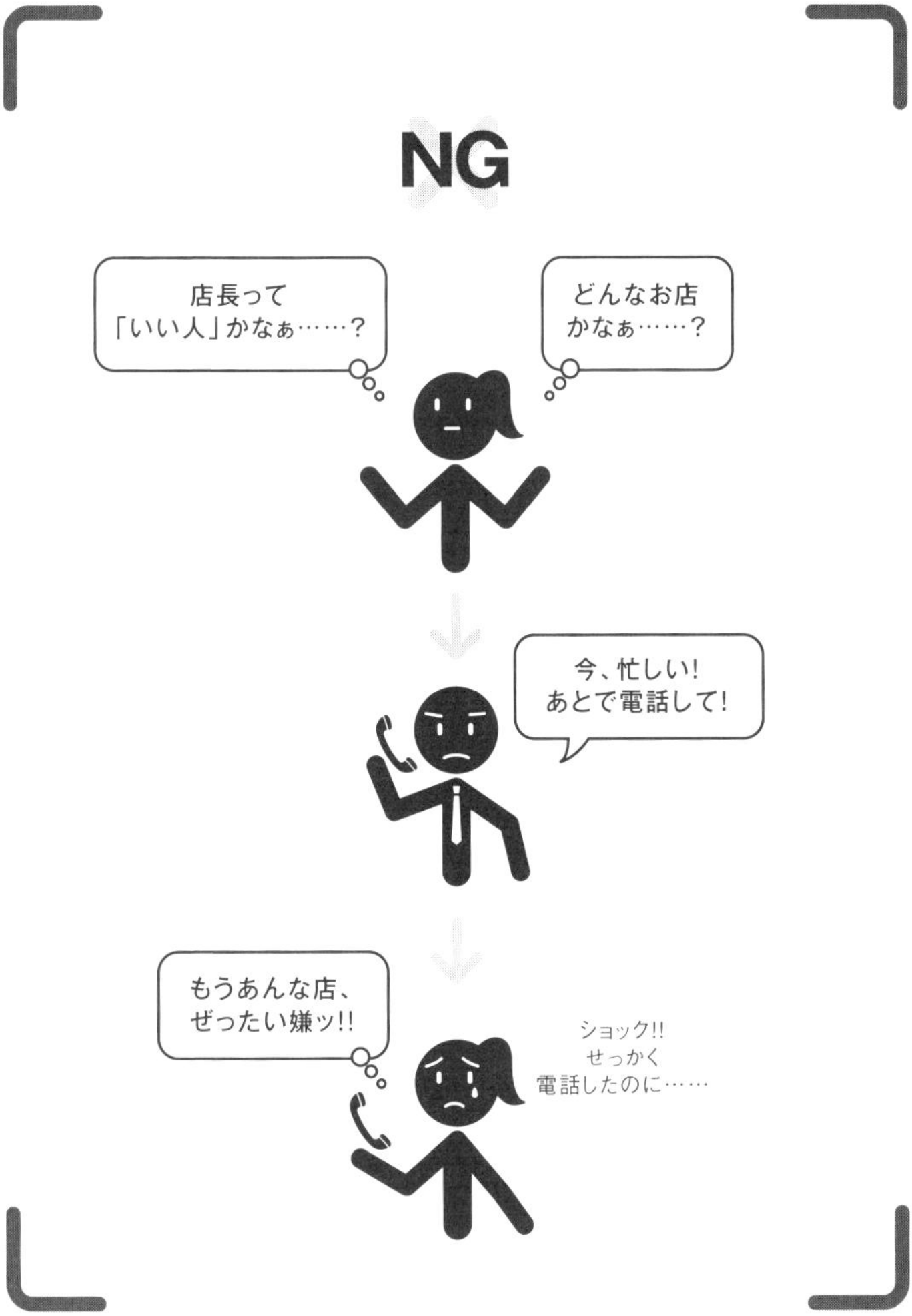
NG
店長って「いい人」かなぁ……？
どんなお店かなぁ……？
今、忙しい！あとで電話して！
もうあんな店、ぜったい嫌ッ!!
ショック!! せっかく電話したのに……

まず、応募の電話をもらったら第一声で

「たくさんあるお店の中から、当店を選んでくれてありがとうございます！」

と応募してくれた勇気に対して感謝の気持ちを伝えましょう。応募の段階から

「ようこそ！」という雰囲気を醸し出すのです。

面接日時を決め、持参物などをしっかり伝えた後は、

「何かわからないことはありますか？」

と質問の機会を作ってあげましょう。「何でも質問してもいいんだ」と感じても

らえると、相手からの質問を引き出しやすくなります。面接時に「応募者が本当に

聞きたい質問」を引き出すことはミスマッチを防ぐことにつながり、ミスマッチを

防ぐことが早期離職防止に直結するのです。

そして最後に必ず、

「○○さんに、○月○日○時にお会いできるのを楽しみにしていますね」

「もし道に迷ったら、いつでもお店に電話してくださいね。待ってますから！」

とひと言つけ加えてあげてください。このたったひと言で、ほぼすべての店舗で

面接参加率が10％～20％程度アップしているのです。

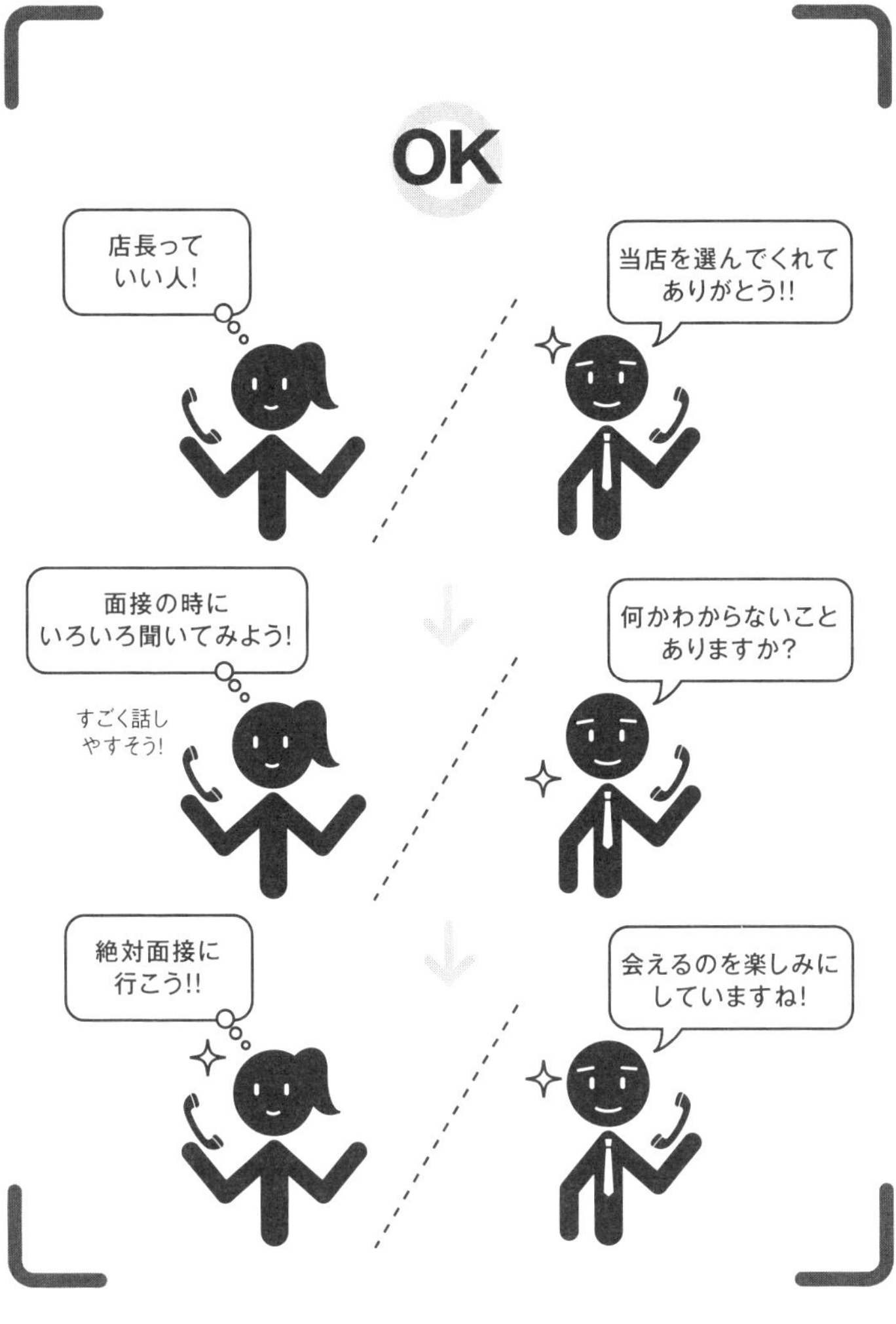
OK
当店を選んでくれてありがとう!!
店長っていい人！
何かわからないことありますか？
面接の時にいろいろ聞いてみよう！
すごく話しやすそう！
会えるのを楽しみにしていますね！
絶対面接に行こう!!

ワクワク！ハンジョウテン！　しかけ 2

面接での「非日常感の演出」

応募者が面接に来て「たらいまわし」にされてしまう。対応したスタッフから「いい印象」を受けない——こういうケース、よくありますよね？　なぜそうなってしまうのかというと、「今日、誰が何時に面接に来るのか」を店長がアナウンスしていないからです。

「今日○時に女性の○○さんが面接に来られます。気持ちよく迎えてくださいね」と事前に店長がしっかりとアナウンスしておくだけで、スタッフの対応はまったく異なります。

応募者の「どんなお店？」「どんな人が働いているの？」という不安の中には、店長だけでなくアルバイトスタッフも含まれているのです。ですから、面接に来て、最初に応対するスタッフに「面接の○○さんですよね？　お待ちしてました！」と笑顔で迎えてもらうことは単純に嬉しいだけではなく、「どんな人たちと一緒に働くのか？」という不安を解消し、好印象を与えます。

「ようこそ」という気持ちをウェルカムボードで表わすのも効果

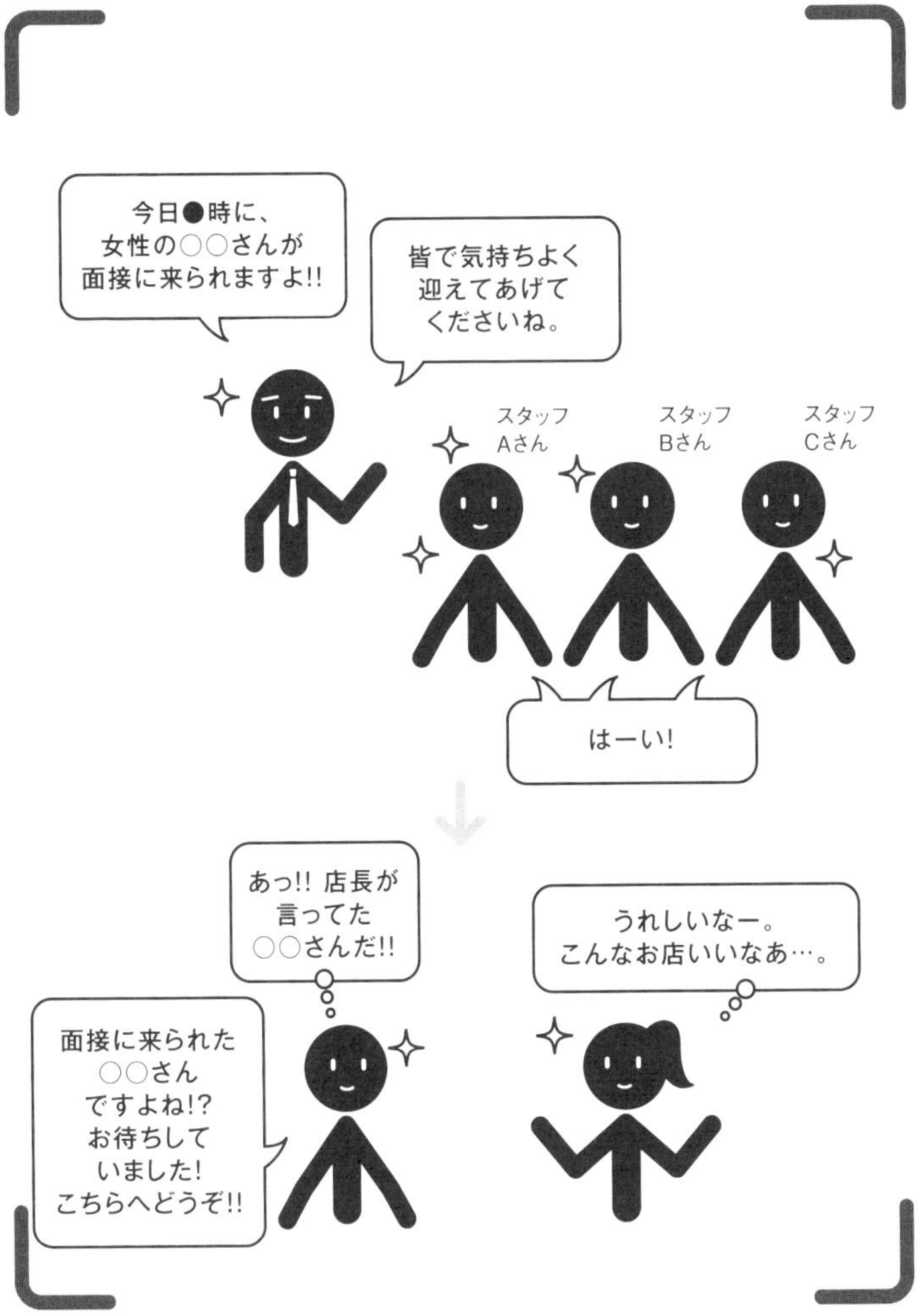
今日●時に、女性の○○さんが面接に来られますよ!!
皆で気持ちよく迎えてあげてくださいね。
スタッフAさん
スタッフBさん
スタッフCさん
はーい!
あっ!! 店長が言ってた○○さんだ!!
うれしいなー。こんなお店いいなあ…。
面接に来られた○○さんですよね!? お待ちしていました! こちらへどうぞ!!

的な方法です。飲食店でよく活用されている、「本日のご予約のお客様」に対するウェルカムボードとまったく同じです。「たくさんある職場の中から、当店を選んでくれてありがとう」という感謝の気持ちを込めて、ウェルカムボードでお迎えをしてあげましょう。

名古屋の飲食店Aでは、アルバイトスタッフに、ある程度自由にウェルカムボードを作ってもらっています。店長が作るのではなく、スタッフが自分たちで作ることで、「今日、誰が面接に来るのか？」をしっかりと意識してもらえるのがメリットです。それに加えて

「これから一緒に働くかもしれない仲間。大切におもてなししよう！」

という気持ちがスタッフに芽生える効果もあります。

このようなほんの少しの非日常感を演出することで、応募者は「自分が特別」にされている感情を抱きます。この「ワクワク感」「期待感」が入社意欲を高めるのです。

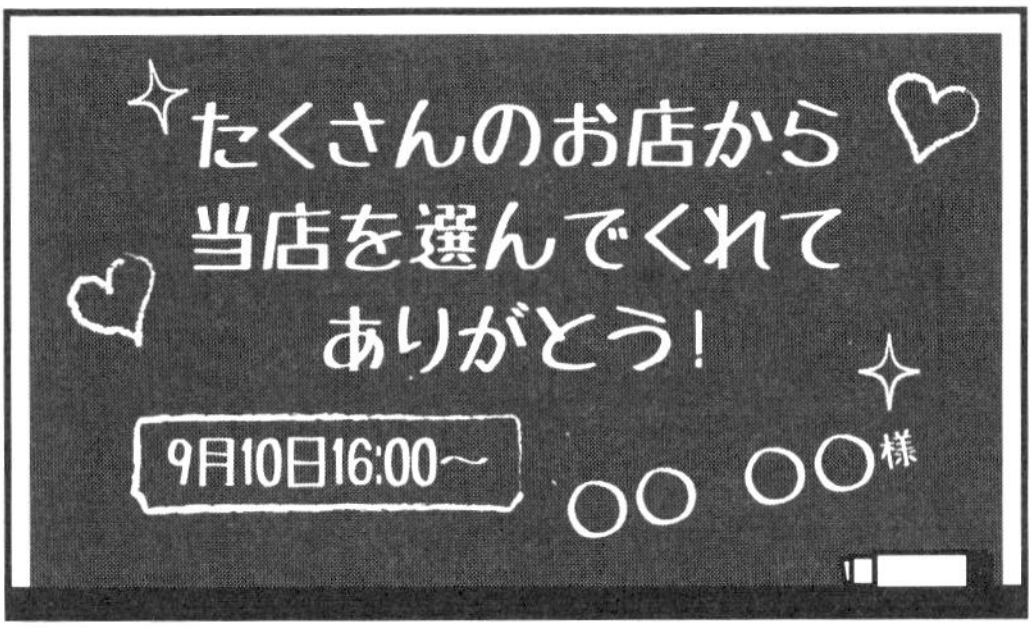
たくさんのお店から
当店を選んでくれて
ありがとう！
9月10日16:00～
○○ ○○様

市販のコルク板や黒板であれば何度でも書き直しができるので
経済的にもオススメです。

Point

感謝の気持ちをイラストなどを使って
応募者を楽しませること
手書きでホット感を!!

ワクワク! ハンジョウテン!

しかけ3

入社初日のウェルカムボード

「非日常感の演出」応用編

ウェルカムボードは、いろんな場面で応用が利きます。

面接と同じように、スタッフは入社初日も緊張して来店（来社）します。その緊張をほぐすとともに、「これから一緒にがんばっていきましょうね！」という応援メッセージを伝えましょう。このようなしかけで、初日から既存スタッフとも打ち解けやすくなります。

また、スタッフのお誕生日や進学などのお祝いごと、進学・就職などやむを得ない事情で退社してしまうスタッフに、これまでの感謝を伝えるときにも非常に有効です。

「お誕生日おめでとう！　これからもうちのお店をよろしく頼む！」

「志望校進学おめでとう！　そして今までありがとう！　また店に遊びに来てね」

というメッセージを伝えて、心に残る店長＝心に残るお店になりましょう。

今日から一緒に
がんばりましょう。
スタッフ皆で
お待ちして
ました!!
ようこそ○○○○店へ。
「○○ ○○」さん
Welcome!

応用方法

入社初日でも同様に使えます。
ロッカーやスタッフ控室などに隠しておくと、
サプライズにもなり、
さらに非日常感を感じてもらいやすくなります。

面接での「8：2の法則」

面接で店長が一番よく聞く質問。

「経験はありますか？」「時給は○○円ですが、いいですか？」

「土日祝は勤務に入れますか？」「深夜勤務はできますか？」

いかがでしょう？　このような質問ばかりしていませんか？

間違えてはいけないのは、これは質問ではなく、「確認事項」という点です。これらの「確認」はもちろん重要ですが、そればかりではいけません。

面接は、こちらの希望を伝える場でも、合否判断を下す場でもありません。応募者の「働く意欲を高める場」であると認識を変えましょう。

そうです！　すでに面接の場から育成は始まっているのです。

応募者にお店を好きになってもらい、「絶対ここで働きたい！」と思ってもらうことが、面接で一番重要なことです（たとえ不採用になったとしても、地域密着で運営する店舗にとって、応募者は将来のお客様であることを忘れてはいけません）。

NG
土日は入れる？
深夜は入れる？
経験は？
時給はこれでいい？
はい……
こんな面接で
私のこと、
何がわかるの？

Point

応募者≦お客さま

面接　≠合否決定の場 ×

＝意欲形成の場 ◎

では、「働きたい」と応募者に感じてもらえる面接とはどんなものでしょうか？

それは、「私（僕）のことをしっかりとわかってくれた」と感じてもらうことです。

そのために「8：2の法則」を使わない手はありません。つまり会話のうちの8割を、応募者の話にするのです。応募者にどんどん話してもらって、それに対して心を傾けて聴き受け止めること（傾聴）が重要です。


8割を相手に話してもらうには、クローズドクエスチョン（「飲食店で働いたことがありますか？」などの、はい・いいえで答えられる質問）ではなく、オープンクエスチョン（「これまでどんなアルバイトをしたことがありますか？」などの、はい・いいえでは答えられない質問）を駆使して質問をすると効果的です。

面接でのゴールはあくまでも「働きたい」と感じてもらうことですから、応募者と上っ面の会話を続けていては、そのゴールにはなかなかたどり着きません。

応募者の本音が出やすいのは、

「今までで一番熱中したことは何ですか？」

「お友達からあなたはどんな人だとよく言われますか？　また、自分ではどう思う？」

などの質問です。これらは「一番得意なことを話してもらう質問」だからです。

Point

× クローズドクエスチョン

「Yes」「No」(はい、いいえ)で答えられる質問

例　「学生ですか?」「はい、そうです」

「経験はありますか?」「いいえ、ありません」

◎オープンクエスチョン

「Yes」「No」で答えられない質問

例「何のスポーツが一番好きですか?」

「サッカーが１番好きです」

Point

オープンクエスチョンは **5W1H** を使います。

What　:あなたは**何の**アルバイトをしたことがありますか?

◎Why　:**なぜ**そのスポーツが好きなのですか?

When　:前のアルバイトは**いつ**辞めたのですか?

Where :熱中しているクラブの大会は**どこで**あるのですか?

Who　:あなたがそう思ったのは**誰の**おかげですか?

◎How　:その失敗から**どうやって**成功したのですか?

中でも、**Why** と **How** がもっとも多く使われています。

夢や志望動機を質問することは、さほど有効ではありません。
あらかじめ夢や志望動機を考えてきている応募者が
多いからです。

ワクワク！ハンジョウテン！ しかけ5

面接での「共感自走の法則」

「教育・指導は面接時から始まっている」ということは、すでにおわかりいただけたかと思います。店長が「創りたいお店」を現実にするには、当然、スタッフの協力が不可欠ですよね。どんなお店を創りたいのか、お客様にどんなサービスをして欲しいのか、しっかりと応募者に伝える必要があります。

なぜ面接時にこのようなことを伝えるのか？　それは最も大切な企業理念（こんなお店にしたい、というポリシー）に共感できない方を入社させないためと、入社してからのミスマッチを防ぐためです。

もうひとつ、現実的な理由があります。入社以降は、すぐにオペレーションに入ってもらわなければなりません。当たり前のことですが、時給が発生しますので、企業理念について話す時間が入社してからでは作れないからです。せっかく入社してもらったのに、すぐに「こんなはずではなかった」「思っていた仕事（お店）と違った」と辞められてしまっては元も子もありませんからね。

3ヶ月未満で離職している人の
早期離職理由の上位3つはミスマッチ。

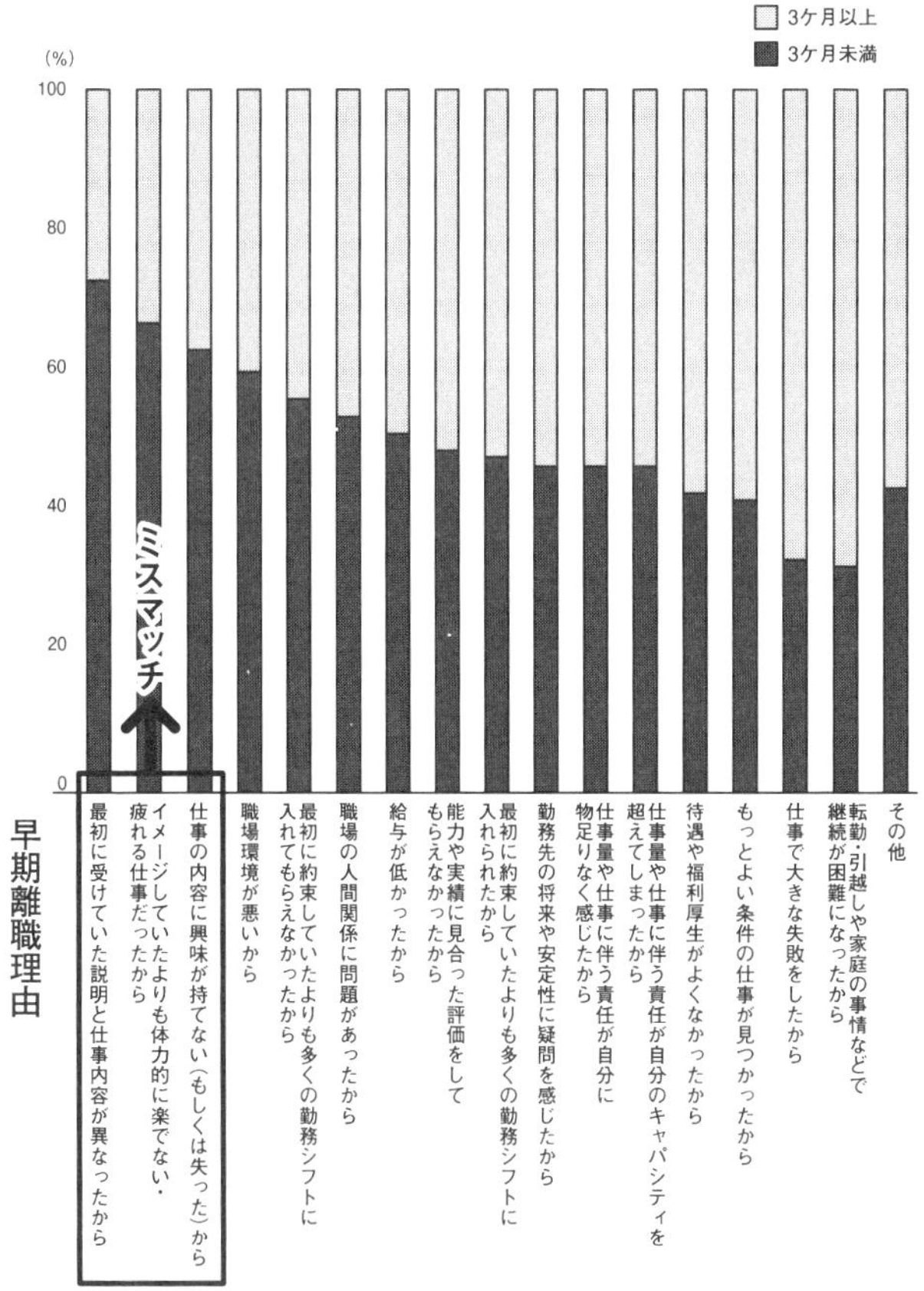
3ケ月以上
3ケ月未満
(%)
100
80
60
40
20
0
ミスマッチ
早期離職理由
仕事の内容に興味が持てない（もしくは失った）から
イメージしていたよりも体力的に楽でない・疲れる仕事だったから
最初に受けていた説明と仕事内容が異なったから
職場環境が悪いから
最初に約束していたよりも多くの勤務シフトに入れてもらえなかったから
職場の人間関係に問題があったから
給与が低かったから
能力や実績に見合った評価をしてもらえなかったから
最初に約束していたよりも多くの勤務シフトに入れられたから
勤務先の将来や安定性に疑問を感じたから
仕事量や仕事に伴う責任が自分に物足りなく感じたから
仕事量や仕事に伴う責任が自分のキャパシティを超えてしまったから
待遇や福利厚生がよくなかったから
もっとよい条件の仕事が見つかったから
仕事で大きな失敗をしたから
転勤・引越しや家庭の事情などで継続が困難になったから
その他

では、この企業理念をどのように効果的に応募者に伝えていけばいいのでしょうか？　それは店内を案内しながら店長自身が熱く「こんなお店を創りたい」「お客様にはこんな気持ちになって帰っていただきたい」という想いを話したり、手本となる先輩スタッフと話す時間を設けたり、企業理念をまとめたパンフレットや、映像化したＤＶＤなどを見せたりするのが効果的です。

そのためには、事前に「どんなお店を創りたいのか」をきちんと整理してまとめておく必要があります。それがいわゆるハウスルールです。ハウスルールには単純に「こうしてほしい」「こうなりましょう」だけではなく、その裏にある想い＝「なぜこうしなければならないのか？」までを記す必要があります。また実際にハウスルールに基づいて行動したエピソードなども非常に効果的です。

チェーン展開している企業では、画一的に、かつ効果的に全店で実施できるように、映像化・可視化したハウスルールを応募者に見せています。映像化・可視化することには、応募者に視覚的に訴え、記憶させるという大きなメリットもあります。そのため、多くの企業の新卒採用で、当たり前に取り入れられている手法です。アルバイト比率の高い、かつアルバイトがお客様と接する最前線で働くサービス業では、お店（企業）の根幹を彼らに伝える必要があることは当然ですね。

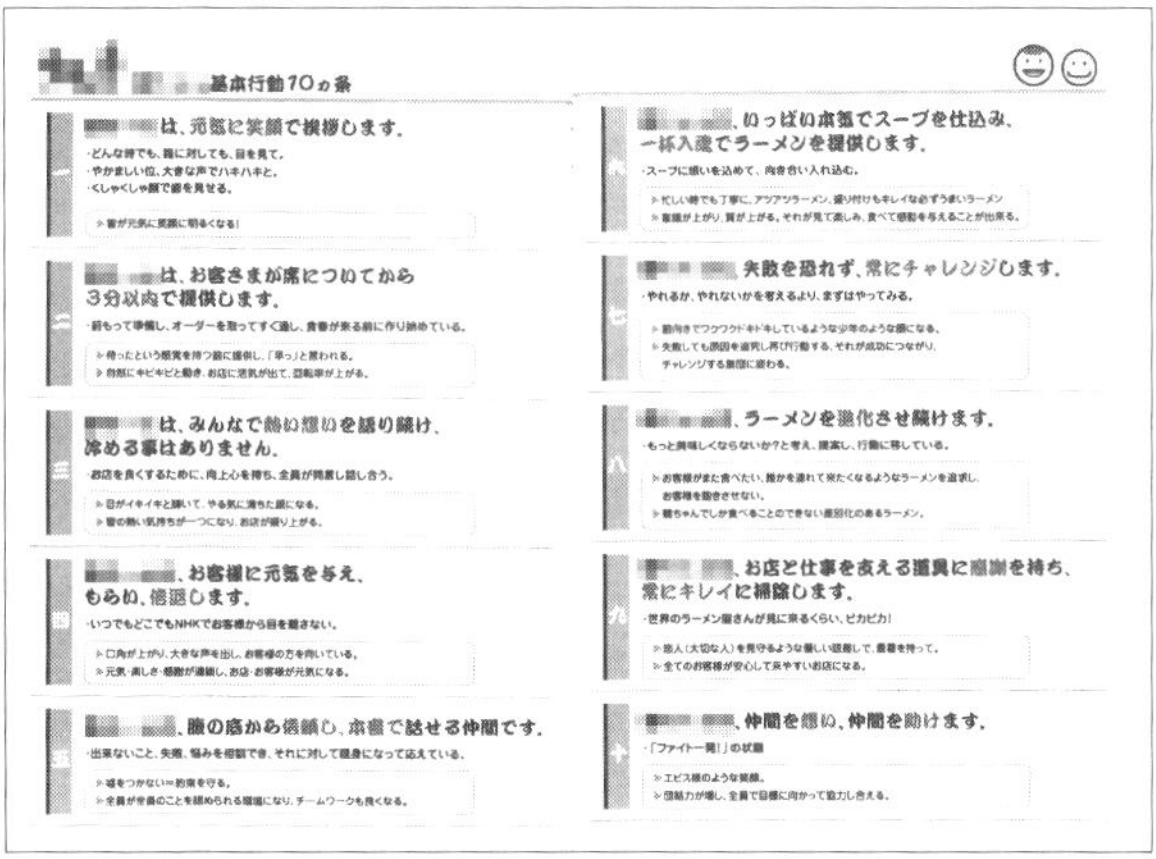
[redacted]基本行動10ヵ条

一 [redacted]は、元気に笑顔で挨拶します。
・どんな時でも、誰に対しても、目を見て。
・やかましい位、大きな声でハキハキと。
・くしゃくしゃ顔で歯を見せる。
＞皆が元気に笑顔に明るくなる！

二 [redacted]は、お客さまが席についてから3分以内で提供します。
・前もって準備し、オーダーを取ってすぐ通し、食券が来る前に作り始めている。
＞待ったという感覚を持つ前に提供し、「早っ」と言われる。
＞自然にキビキビと動き、お店に活気が出て、回転率が上がる。

三 [redacted]は、みんなで熱い想いを語り続け、冷める事はありません。
・お店を良くするために、向上心を持ち、全員が発言し話し合う。
＞目がイキイキと輝いて、やる気に満ちた顔になる。
＞皆の熱い気持ちが一つになり、お店が盛り上がる。

四 [redacted]、お客様に元気を与え、もらい、倍返しします。
・いつでもどこでもNHKでお客様から目を離さない。
＞口角が上がり、大きな声を出し、お客様の方を向いている。
＞元気・楽しさ・感謝が連鎖し、お店・お客様が元気になる。

五 [redacted]、腹の底から信頼し、本音で話せる仲間です。
・出来ないこと、失敗、悩みを相談でき、それに対して親身になって応えている。
＞嘘をつかない＝約束を守る。
＞全員が全員のことを認められる環境になり、チームワークも良くなる。

六 [redacted]、いっぱい本気でスープを仕込み、一杯入魂でラーメンを提供します。
・スープに想いを込めて、向き合い入れ込む。
＞忙しい時でも丁寧に、アツアツラーメン、盛り付けもキレイな必ずうまいラーメン
＞意識が上がり、質が上がる。それが見て楽しみ、食べて感動を与えることが出来る。

七 [redacted]、失敗を恐れず、常にチャレンジします。
・やれるか、やれないかを考えるより、まずはやってみる。
＞前向きでワクワクドキドキしているような少年のような顔になる。
＞失敗しても原因を追究し再び行動する。それが成功につながり、チャレンジする集団に変わる。

八 [redacted]、ラーメンを進化させ続けます。
・もっと美味しくならないか？と考え、提案し、行動に移している。
＞お客様がまた食べたい、誰かを連れて来たくなるようなラーメンを追求し、お客様を飽きさせない。
＞麺ちゃんでしか食べることのできない差別化のあるラーメン。

九 [redacted]、お店と仕事を支える道具に感謝を持ち、常にキレイに掃除します。
・世界のラーメン屋さんが見に来るくらい、ピカピカ！
＞恋人（大切な人）を見守るような優しい眼差しで、愛着を持って。
＞全てのお客様が安心して来やすいお店になる。

十 [redacted]、仲間を想い、仲間を助けます。
・「ファイト一発！」の状態
＞エビス様のような笑顔。
＞団結力が増し、全員で目標に向かって協力し合える。

数店舗展開A社の基本行動。
理念を実現するための基本的な行動指針が示されています。

ワクワク! ハンジョウテン! しかけ6

面接での「感謝の法則」

ご来店くださったお客様をお見送りしたり、「ありがとうございました」と感謝の気持ちを伝えるのは当たり前なのに、面接でお見送りをするケースはほとんどありません。すでにお伝えしているように、応募者はお客様以上のファンになり得るのですから、面接が終了したら、最後は「たくさんあるお店の中から当店を選んでくれてありがとう」「貴重な時間を割いて、面接に来てくれてありがとう」という感謝の気持ちを込めてお店の外までお見送りをしましょう。

応募者はたいてい、複数のお店の面接へ行きます。面接では採用するこちら側が応募者を選定していますが、実は応募者も面接で「どんなお店だろう?」「どんな人たちが働いているのだろう?」「店長はどんな人だろう?」と、これから自分が働いていけるかどうかを選んでいます。

あなたがお店に行ったときにお見送りをされたら、嬉しいですよね。応募者もまったく同じです。応募者の心に残るお見送りをしましょう。

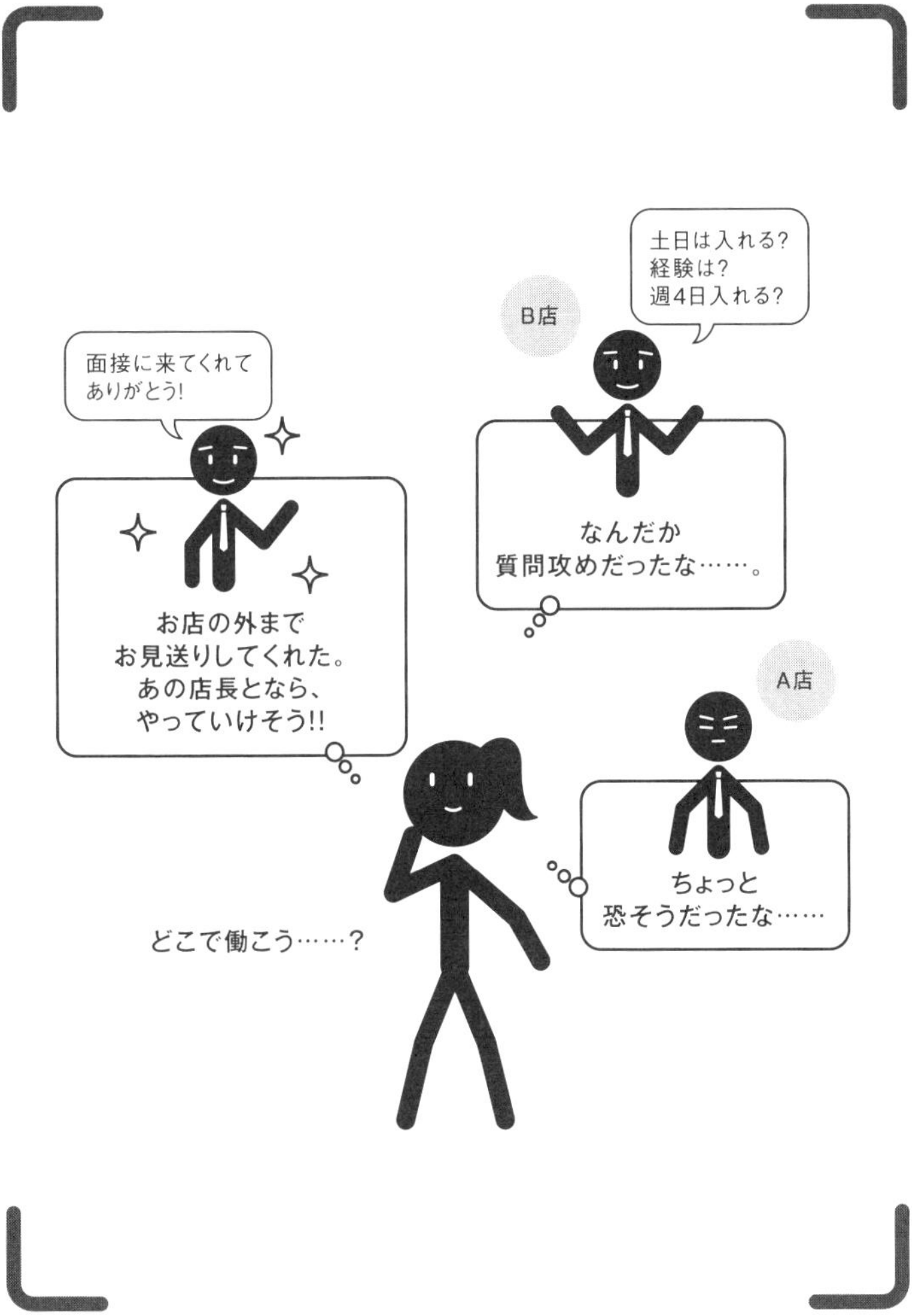
土日は入れる?
経験は?
週4日入れる?
B店
面接に来てくれて
ありがとう!
なんだか
質問攻めだったな……。
お店の外まで
お見送りしてくれた。
あの店長となら、
やっていけそう!!
A店
ちょっと
恐そうだったな……
どこで働こう……?

ワクワク! ハンジョウテン!

しかけ 7

お見送りで手渡すプチギフト

「感謝の法則」応用編

キャンペーンやイベントの割引券や優待券などがあれば、お見送りの時に手渡すと効果的です。応募者はたとえ不採用でスタッフにならなくても、今後お客様として帰ってきてくれる可能性が高いわけですし、面接でお店の印象がよければ、口コミやインターネットで「お店を宣伝してくれるファン」になります。

お店の前や繁華街で、割引券や優待券など通りすがりの人に配って呼び込みをするのも、もちろん効果はありますが、「このお店で働こうかな」と一度でも思ってくれた応募者をファンとして囲い込んでおくことは、それ以上に有効な宣伝活動になるのです。

ですので、お見送りの際には、

「今日は貴重な時間を使って面接に来てくれてありがとうございます。今日のあなたとの出会いのお礼です。よかったら使ってください」

と感謝の気持ちを伝えながらプチギフトを手渡しましょう。

今日はありがとう!
あなたとの出会いの
お礼です。
面接に来てくれてありがとう!!
○○さんへ。
ドリンク一杯無料!!
有効期限○月△日まで　店長○○○○

ワクワク! ハンジョウテン!

しかけ 8

合格連絡での「感謝の法則」

合否連絡の電話の目的を、単に「合格です」「不合格です」という合否を伝えること、と思っている方がいるとしたら、それは間違いです。

これまで「スタッフ育成は面接から始まっている」とお伝えしてきましたが、もちろん、合否連絡も育成に含まれています。この大切な合否連絡の方法を間違えてしまうと、入社初日に出社しない、なんてことになりかねません。

合否連絡でのポイントは2つ。面接に来てくれてありがとうという**感謝の気持ち**をまず初めに伝えることと、これから一緒に働けることを楽しみにしている、嬉しく思っているという**期待感**を伝えること。

「先日はわざわざ面接に来てくれてありがとうございました。これから○○さんと一緒に働けることを嬉しく思います。一緒にがんばっていきましょう」

という伝え方が好ましいでしょう。

Point 1

面接に来てくれた感謝の気持ちを伝える。

「先日はわざわざ来てくれてありがとう!」
「この前は楽しい時間をありがとう!」

Point 2

一緒に働ける喜び、これからの期待感を伝える。

「○○さんと一緒に働けることをうれしく思います!」
「面接の時に○○さんが言ってたようなお店に一緒にしていきましょう!」

合格者の背中をさらに押す

合格連絡での「感謝の法則」応用編

合否を伝える電話を掛けてから、入社初日まで日が経ってしまうのは、よくあることですが、合否連絡から入社初日まで1週間以上の日が空いてしまう場合には、入社予定日の前日に再度電話連絡をするのが好ましいでしょう。なぜなら、応募者の中で入社したい気持ちに迷いが生じていたり、他の店舗と迷っていたりする場合が多いからです。そのほか、単純に出勤日を忘れてしまっていることも、現実にはかなりあるようです。

ですので、入社予定前日に再度電話をして

「明日が初出勤日の予定ですが、大丈夫ですか？　何か不安なことはありませんか？」

と応募者の不安な気持ちを汲み取る配慮をしてあげましょう。

そして、

「いよいよ明日ですね。〇〇さんに再度お会いできるのを楽しみにしています」

と、ここでもさらに期待感を伝えましょう。

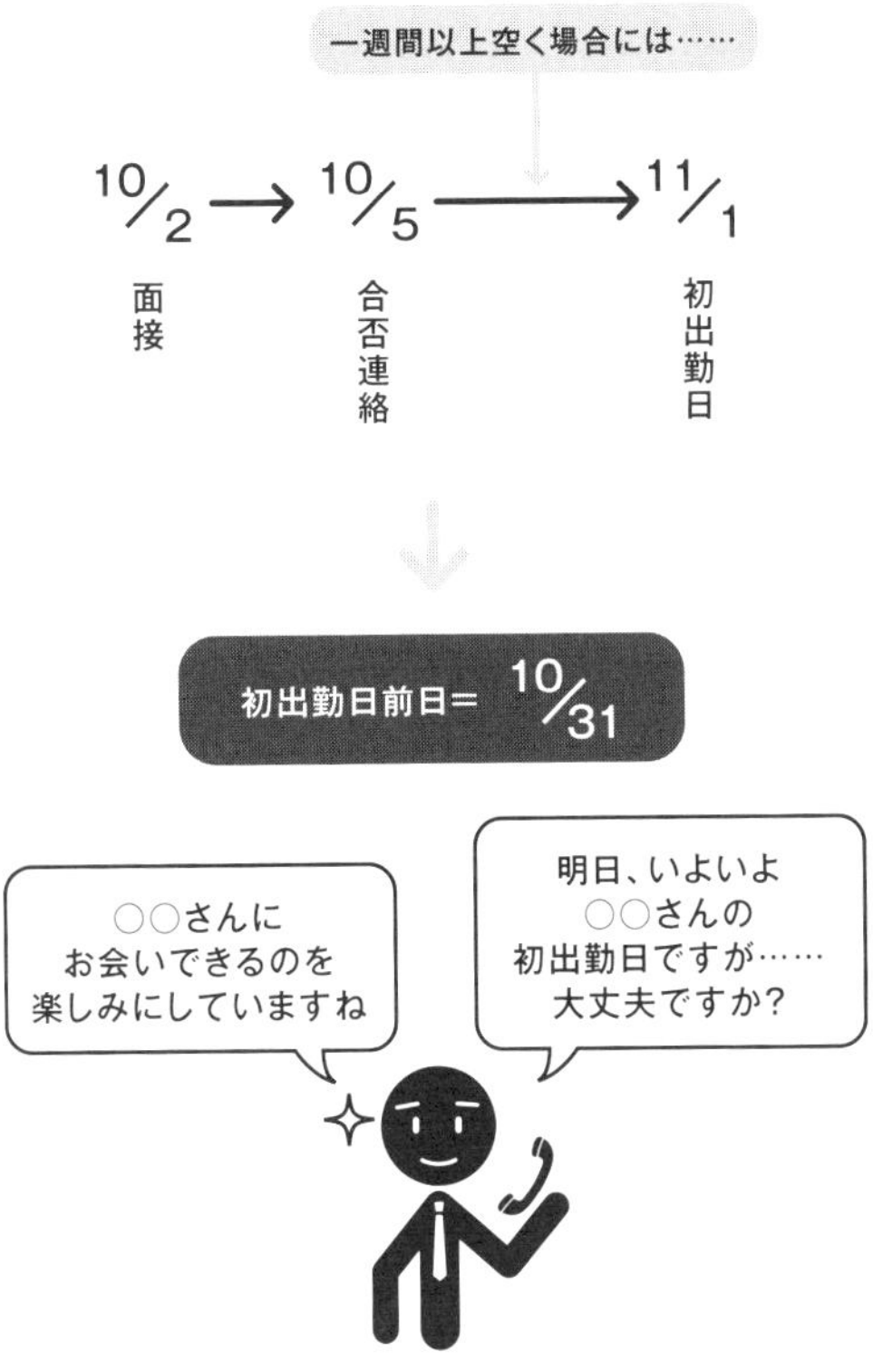
一週間以上空く場合には……
10/2
面接
10/5
合否連絡
11/1
初出勤日
初出勤日前日＝10/31
○○さんに
お会いできるのを
楽しみにしていますね
明日、いよいよ
○○さんの
初出勤日ですが……
大丈夫ですか？

ワクワク! ハンジョウテン! しかけ10

不合格連絡での「感謝の法則」

応募者の増加に伴って、最近では「不合格の場合には連絡をしない」という店舗が増えています。しかし、ここでもう一度、応募者は常連のお客様や口コミでお店を宣伝してくれるファンになり得ることを思い出してください。不合格の場合にも、応募者との最後の接点である合否連絡をしっかりと行なうことで、応募者をファンへと変えていきましょう。

また、不合格であることを伝えるのですから、合格を伝えるとき以上に誠意を込めて対応しなければなりません。

「当店では残念ながら不合格となりましたが、これからのアルバイト探し、がんばってくださいね」

「もしよかったら、お客様としてお店にまた遊びに来ていただければ嬉しいです」

とプラスひと言をつけ加えると、応募者のお店に対するイメージは一気に上がります。

あの店で
働きたかったな
……残念。
でも、本当に
いいお店だなぁ…。
これからの
アルバイト探し
がんばってくださいね

Point

不合格の時のトラブル

・履歴書の返却を求められたが、捨ててしまっていた。

⬇

返却しない場合は、必ず面接時にその旨の了承を得ましょう。
捨てる場合は、シュレッダーで!!

ワクワク！ハンジョウテン！ しかけ11

退職者にも感謝と期待を伝える

合否連絡での「感謝の法則」応用編

感謝と期待感を伝えることは、退職時にもそのまま活用できます。たとえ円満な退職でなくても、これまでお店で一緒に働いてくれたのですから、感謝の気持ちとともに、これからの活躍を期待していることも伝えましょう。

応募者とは違って、スタッフの働きぶりや人となりを知っているわけですから、単に「ありがとう」だけではなく、「何ができるようになったのか?」、そのスタッフの功績を具体的に伝えることで、より感謝の気持ちが伝わります。

「これまでありがとう。○○さんのおかげで常連さんがたくさん増えました。これは○○さんの思いやりのある接客のおかげです。これからもがんばってくださいね」

「これまでありがとう。○○さんのおかげで他のスタッフが本当に楽しく働けるようになったと思います。○○さんの根っからの明るさのおかげですね。これからもその明るさを活かしてがんばってくださいね」

と具体的に褒めて、感謝と期待を伝えましょう。

○○さんへ

これまで、働いてくれてありがとう！
○○さんのおかげで
常連さんがたくさん増えました。
○○さんの思いやりのある接客のおかげです。
ありがとう。
これからも、がんばってくださいね。
また、店にも遊びに来てくださいね。

店長△△△

Point

口頭で伝えるだけでなく、
メッセージカードや手紙を活用するのも
効果的！

STEP 1

「8：2の法則」で
プロに育てる！
しかけ6

ワクワク！ハンジョウテン！　しかけ 12

3ヶ月に一度設ける「スタッフの話を聞く場」

定期的にスタッフの評価フィードバックを行なっているお店は多いでしょう。もしあなたのお店で「評価フィードバック」を行なっていないなら、きちんとした評価制度がなくても、3ヶ月に一度、少なくとも半年に一度は「スタッフの話を聞く場」を設けることを強くお勧めします。

というのも、ほとんどのスタッフは「何かしらの不満」を内心抱いているものです。その不満を「辞めたい」という意思表示が出るまで放っておくと、離職率を高めてしまうだけではなく、店舗内のいわゆる「ガン」（「腐ったみかん」とも言いますね）になってしまう可能性があるからです。

業務時間内にアルバイトスタッフとゆっくり話す時間をとることは、なかなかむずかしいでしょうが、定期的に評価フィードバックという話を聞く場を設けて「クールダウン」してもらうと、さらにがんばろうというやる気も出てくるものです。

「評価フィードバック」について、「できていない部分を指摘し、

GOOD
ほんとはいろいろ
言いたいことが
あるのに…
▲▲さんのおかげで
常連さんが
増えましたよね！
クールダウン
店長、もっと
○○○○すれば
いいと思います
ちゃんと見ていて
くれている!!
やる気UP!!
NG
ほんとはいろいろ
言いたいことが
あるのに…
放っておくと……
突然……
もう
辞めます!!
最悪のケースは……
・アルバイト同士のけんか
・いじめ
・派閥
なんてことも……。

できるように指導していく、もしくはスタッフのスキルやポテンシャル（意欲や働く姿勢）を改善させること」と、誤った認識をされている店長が少なくないようです。

実際には、アルバイトの「評価フィードバック」の本来の目的は「スタッフの話を聞くこと」が8割、「理想のお店へのベクトルを合わせること」が2割です。

具体的に何を聞けばいいのかというと、「最近の仕事はどう？」「何か不満はある？」といった漠然とした質問ではなく、

「いつも来てくれる○○さん（お客様）、△△さん（スタッフ）のおかげで常連さんになったよね。どんな工夫をしたの？」

「最近○○さんと同じ時間にシフトに入りたがらないけど、何かあったの？　僕が○○さんと話してみようか？」

と普段の接客やアルバイト同士のことを具体的にあげて質問していきましょう。

そしてスタッフの話を十分に聞いた後で、

「理想のお店になるために、△△さんには□□の役割をお願いしたいんだよね」

「この前の接客、すばらしかったね！　このまま引き続きお願いしますね」

と照れずに褒め、さらにはスタッフの役割を明確にしてあげましょう。

1 積極的に聞くことで**相手を受け入れる**

・批判的な態度や先入観を捨てる
・8:2で相手に話をさせる

2 おうむ返しで**確認する**

・誘いのあいづちを入れる
・テクニックではなく心から耳を傾ける=傾聴する

3 質問によって**リードする**

・話を整理し要約するとともに明確化する
・5W1Hを駆使して質問する

4 具体的に**相手を支持する**

・結果はもちろん、プロセスを褒める
・表情豊かに照れずに褒める

5 まとめる+新たな目標を**設定させる**

・相手に自分の言葉で決定させる

評価シートの見本①

基本心得チェックシート（飲食店・ホールスタッフ）

項目	チェック項目	本人 4段階評価	店長 4段階評価
概要	①経営理念およびスローガンを理解していますか		
	②指示・命令を正しく理解し実行していますか		
	③資源の節約（電気・ガス・水道）に努めていますか		
	④報告は忘れずにしていますか（業務終了時・事故・連絡事項）		
	⑤破損・故障・電球切れの連絡（補修）をしていますか		
時間	①遅刻・早退・欠勤はありませんか		
	②遅刻・早退・欠勤の場合、事前に連絡をしていますか		
	③出勤の規定時刻（10分前）を守っていますか		
	④食事や休憩時間は指示を受けて、時間を守って取っていますか		
身だしなみ	①常に定められた清潔な服装（規定の）をしていますか		
	②頭髪・装飾品等が基準にあっていますか		
	③帽子・髪止めは基準にあっていますか（キチンとかぶっていますか。髪はくくって止めていますか）		
	④手は基準にあっていますか（仕事に入る前に洗剤で洗い消毒していますか）		
	⑤名札は基準にあっていますか（正しく規定の場所につけていますか）		
	⑥規定の靴を履いていますか。靴の後ろを踏んでいませんか		
言葉遣い	①出勤したら「おはようございます」と大きな声で言っていますか		
	②頼むときには「お願いします」と大きな声で言っていますか		
	③頼まれたら「ハイ。わかりました」と、大きな声で言っていますか		
	④退社するときは「お先に失礼します」と大きな声で言っていますか		
	⑤「いらっしゃいませ」「ありがとうございました」と大きな声で言っていますか		
態度	①いつでも対応ができるように待機をしていますか		
	②店内・休憩場所・レジなどで大きな声で私語・雑談をしていませんか		
	③無気力感や疲労感を出さず、笑顔で業務をしていますか		
	④くわえタバコで仕事をしたり、指定区域内で喫煙していませんか		
	⑤勝手に持ち場を離れていませんか		
	合計（満点は200点）		

評価シートの見本②

職務基準チェックシート(飲食店・ホールスタッフ)

項目		チェック項目	本人 4段階評価	店長 4段階評価
設備・備品 商品 管理関連	①	クリンリネスを保つために定められた業務を行なえますか		
	②	商品・原材料・消耗品の保管、節約、取り扱いに心掛けていますか		
	③	商品・原材料・消耗品を決められた場所に戻していますか		
	④	商品・原材料・消耗品の報告は正しく行なえますか		
組織 管理関連	①	業務マニュアルに沿って、自分のやるべき業務をきちんと理解していますか		
	②	上司の指示をよく聞き、実行し、終了したときの報告を必ず上司にしていますか		
	③	自店の商品(メニュー)を全て把握していますか		
	④	自分の行なうべきサービスを一通り理解していますか		
	⑤	シフト通りの勤務ができていますか		
事務・顧客 管理関連	①	自分に不利な報告も上司に正確にしていますか		
	②	決められた報告書(シフト申請書、タイムカードなど)を 決められた期限内に記入・提出できていますか		
	③	お客様からの苦情は全て店長に報告していますか		
	④	お客様第一と考え、行動に表すことができていますか		
接客業務 管理関連	①	来店したお客様をテーブルまで案内することができていますか		
	②	お客様を席で待たせずに、お水を用意することができていますか		
	③	お客様にオススメ商品を案内できていますか		
	④	お客様を席で待たせずに、正確にオーダーを受けることができていますか		
	⑤	調理後すぐに商品(メニュー)を間違えずに、お客様に運ぶことができていますか		
	⑥	食べ終わった食器をすぐに下げることができていますか		
	⑦	追加のオーダーをオススメすることができていますか		
		合計(満点は160点)		

ワクワク！ハンジョウテン！　しかけ13

いつでも自由に申し込める「テーマ・クロス面談」

「仕事を辞める前に離職について相談をしたか？」という質問に対し、「誰にも相談しなかった」は約63％にも上ります。そして、相談したスタッフのうち、店長など事業所のトップに相談したケースは、たった20％。つまり残念なことに、辞める前に店長に相談するのは、アルバイトスタッフ全体の８％にすぎないのです。

なぜこのようなことになってしまうのでしょうか？

コミュニケーション不足が原因であることは明白ですが、実は、コミュニケーションを自由に取れるきっかけ（＝しかけ）がないことが多いからです。

たとえば、人間関係で悩んでいたり、仕事内容が嫌になったり、家庭や学業との両立がなかなかうまくいかなかったりした時に、簡単に話ができる環境がないのです。「ちょっと店長！」「話を聞いて！」と自然と言える環境を作りさえすれば、離職を決意する前に、不満や不安を取り除くことができるのです。

離職時に誰に相談したか？

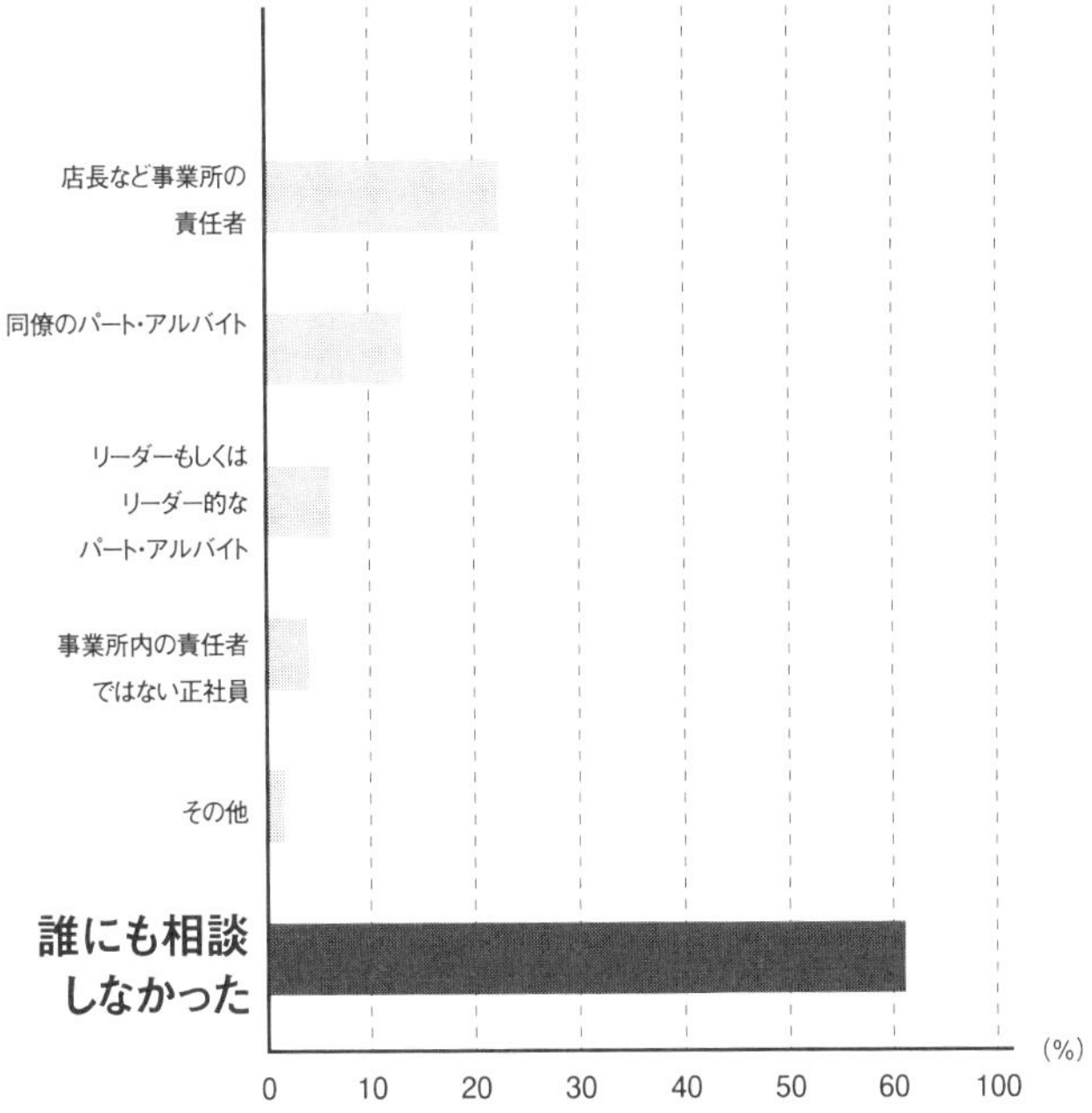
店長など事業所の
責任者
同僚のパート・アルバイト
リーダーもしくは
リーダー的な
パート・アルバイト
事業所内の責任者
ではない正社員
その他
誰にも相談
しなかった
(%)
0
10
20
30
40
50
60
100

「ちょっと店長！」と話をしてもらえる、最も効果的なしかけをご紹介しましょう。アルバイトスタッフと店長、アルバイト同士、アルバイトスタッフと本部社員など、所属を超えてクロスに、そして何でも相談できる面談が生まれるしかけです。それも、店長がテーマを決めるのではなく、スタッフが自由にテーマを決められる面談です。

準備はカンタン。休憩室に左のような面談申込書と、「ちょっと聞いて！　ボックス」を用意します。面談を希望するスタッフは、ボックスに名前や希望日時を書いて入れるだけでＯＫ。面と向かって、しかも他のアルバイトスタッフもいるなかでは「ちょっと店長！　明日面談してください」とはなかなか言い出しにくいものです。ですので、ボックスを用意して、気軽にいつでも申し込める環境を作ってあげてください。

この不定期かつ自由テーマ面談を継続的に続けていくと、

「就職活動がなかなかうまくいかなくて悩んでいます。相談に乗ってください」

「最近○○さんと折り合いが悪いんですよね……」

といったことをスタッフが相談してくれるようになります。マイナスな個人的なことを聞けるようになったなら、信頼関係が築けていると思っていいでしょう。

テーマ・クロス面談　申込書

店舗名 ［　　　　　］　申込者 ［　　　　　］

誰と面談したいですか？

□	店の　　　　さん
□	本社の　　　　　　　さん
□	社長

どんな内容の面談をしたいですか？

□	相談したい
□	改善点意見を述べたい
□	とにかく時間を作って欲しい!!

希望日時を書いて下さい。

第一希望	月　　日（　　）　：　～
第一希望	月　　日（　　）　：　～
第一希望	月　　日（　　）　：　～

テーマがあれば、自由に書いて下さい。

［　　　　　　　　　　　　　　　　］

ワクワク！ハンジョウテン！ しかけ14

休憩室・バックヤードでのコミュニケーション

通常の業務中の会話では、なかなかスタッフの本音、ましてや個人的なことを聞き出すまでの信頼関係は築けません。というのも、こちらはスタッフと同じ立場で接しているつもりでも、彼らから見ればどこまでいっても上司ですから、何かしらのギャップが生じているものです。

ですので、休憩室やバックヤードでは仕事上の上司と部下、という立場を極力排して、積極的にアルバイトスタッフの話を聞いてあげましょう。そうすることで、学校や部活などで今一生懸命取り組んでいることやがんばっていることなど、普段の仕事のなかではなかなか聞けないことを聞けるようになります。

こういったコミュニケーションが自然にとれるようになると、しかけ12「評価フィードバック」やしかけ13「テーマ・クロス面談」でマイナスなこと、愚痴や悩みを話してくれるほどの信頼関係を築くことにもつながります。

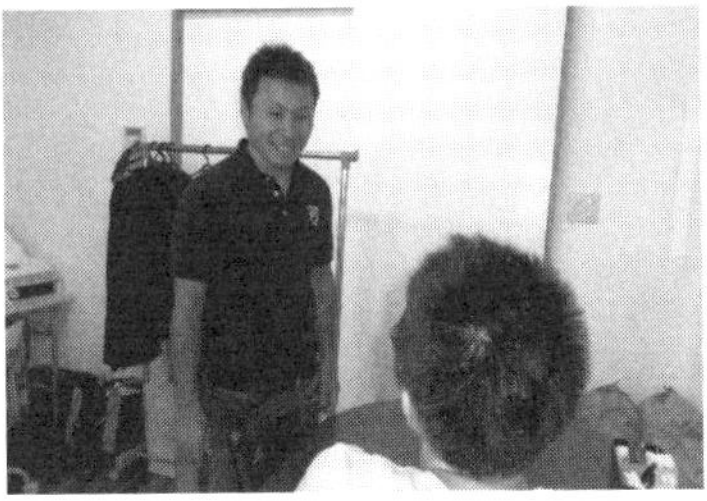

気さくに語り合える関係を築いていたとしても、
スタッフから見れば、店長・マネージャーは「上司」。
基本的に「本音を話しづらい存在」だということを忘れずに、
会話をする場面を意識的に多くもつようにしましょう。

ワクワク! ハンジョウテン!

しかけ 15

シフト終わりのひと言

「休憩室・バックヤードでのコミュニケーション」応用編

休憩室やバックヤードがないお店や、なかなかその時間が取れない場合、「スタッフのシフト終わりを狙う」方法もあります。

あらかじめスタッフのシフト終了時間を頭に入れておいて、荷物置き場などでスタッフの仕事が終わるのを待っておきます。「お疲れさまです。お先に失礼します」とスタッフが帰ろうとしているその時に、

「お疲れさま。最近学校はどう?」

「お疲れさま。そろそろ就職活動が始まるね。どんな会社に行きたいの?」

といったひと言をつけくわえます。

スタッフと話をしている時間はたった5分でもいいのです。毎回仕事が終わったら店長と少し話す、そうスタッフに認識=インプットしてもらうことが、信頼関係を築く上でもっとも大切なことなのです。

ほんのひと言、たった5分の
コミュニケーションの積み重ねが、
スタッフとの信頼関係につながります。

ワクワク! ハンジョウテン!　しかけ16

スタッフのお誕生日を使ったサプライズ!

アルバイトスタッフをプロに変える――そのためには店長とスタッフとのコミュニケーションが非常に大切で、いかにスタッフとの接点を持つか?　が鍵を握ることは、もうおわかりでしょう。そこで活用したいのが「スタッフの誕生日」というイベントです。

なかなか覚えられないアルバイトスタッフの誕生日。スタッフの数が多くなればなるほど、覚えるのは難しくなりますね。そこで、目に触れる回数が自然に増えるしかけを施しましょう。たとえば、タイムカードの名前の横に誕生日を書いておいたり、カレンダーに誕生日を書き込んだり……。

なかでもお勧めは、携帯電話のスケジュール機能を活用して、アラーム設定をしておくことです。アラーム時間を朝礼前に設定しておくと、朝礼でお祝いを伝えることができます。この方法だとスタッフに知られることがないので、彼ら彼女らには、サプライズになるのです!

おっ
今日は誕生日ですね。
おめでとう
えっ　店長
憶えててくれたの!?

ワクワク！ハンジョウテン！　しかけ 17

既婚・学生スタッフへのサプライズ

「お誕生日のサプライズ」応用編

お誕生日などのイベントサプライズは、もちろん、他のイベントでも活用することができます。イベントに応じて「ひと言」を工夫すると、効果は倍増します。

既婚者のスタッフがいるなら、結婚記念日や子供の誕生日を、先ほどのしかけに組み込みます。

「今月○日は結婚記念日だよね？　シフト調整しようか？」

「今月○日は△△くん（子供の名前も覚えましょう）の誕生日だよね。シフト調整しようか？」

など、事前にシフトの調整をしてあげる配慮を持ちましょう。

学生スタッフなら、就職の予定やクラブ活動の予定を把握しておきます。

「明日は○○の面接だよね？　準備はできてる？　応援してるよ！」

「この前の試合、どうだった？」

など、スタッフの大切なことを同じように大切にしているからこそ結果が気になる、ということを伝えましょう。

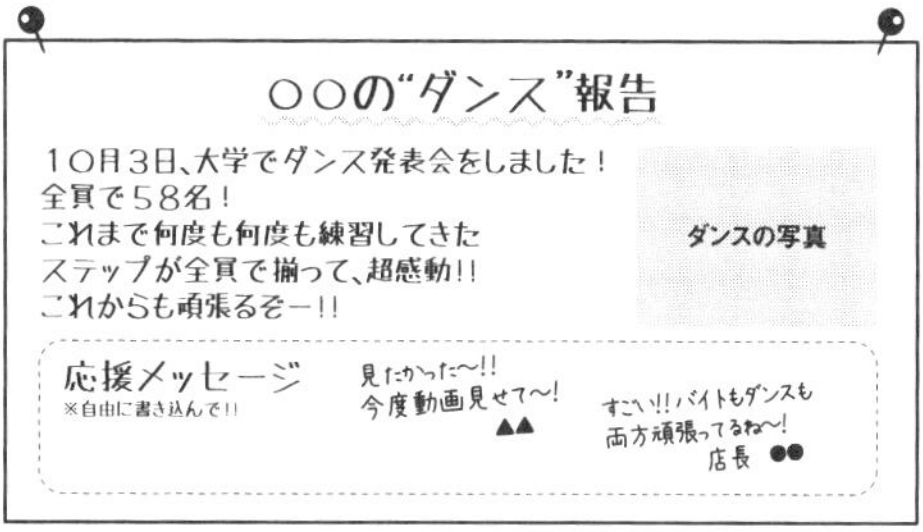
○○の“ダンス”報告
10月3日、大学でダンス発表会をしました！
全員で58名！
これまで何度も何度も練習してきた
ステップが全員で揃って、超感動!!
これからも頑張るぞー!!
ダンスの写真
応援メッセージ
※自由に書き込んで!!
見たかった〜!!
今度動画見せて〜!
▲▲
すごい!! バイトもダンスも
両方頑張ってるね〜!
店長 ●●

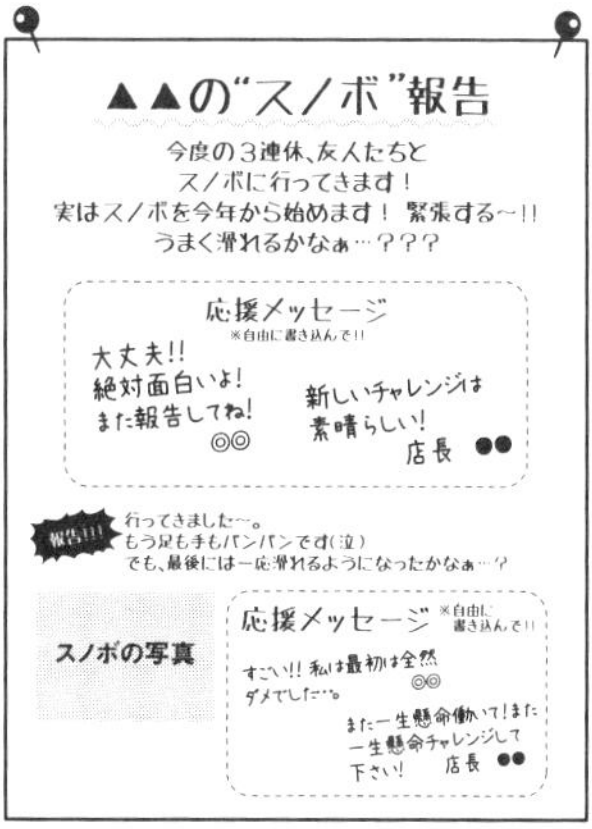
▲▲の“スノボ”報告
今度の3連休、友人たちと
スノボに行ってきます！
実はスノボを今年から始めます！ 緊張する〜!!
うまく滑れるかなぁ…？？？
応援メッセージ
※自由に書き込んで!!
大丈夫!!
絶対面白いよ!
また報告してね!
◎◎
新しいチャレンジは
素晴らしい!
店長 ●●
報告!!!
行ってきました〜。
もう足も手もパンパンです(泣)
でも、最後には一応滑れるようになったかなぁ…?
スノボの写真
応援メッセージ ※自由に書き込んで!!
すごい!! 私は最初は全然
ダメでした…。
◎◎
また一生懸命働いて! また
一生懸命チャレンジして
下さい! 店長 ●●

Point

スタッフの活動報告に
メッセージを書き込む「応援貼り紙」。
「皆があなたを大切に考えています」
という思いを伝えましょう!

STEP 2

「共感自走の法則」でプロに育てる！しかけ9

共感自走を促す「公平・オープンなシフト決め」

あなたのお店では、どんなやり方でシフトを決めているでしょうか？　一般的なのは、スタッフが店長に申請↓店長は売上予測や人件費予算に基づいて、アルバイトの戦力バランスを考慮した上で決定、というものです。実はこの方法、アルバイトスタッフには不満があるのです。

「いつもAさんばっかり、たくさんシフトに入れてもらってる……。彼女は店長のお気に入りだもんね」

「Bさんは土日、いつも入ってないよね……」

といったように「えこひいき」があると感じているケースが多々あります。

また、急なシフト変更があった時には、当たり前ですが、いつも頼みを聞いてくれるスタッフから声をかけていくことでしょう。特定のスタッフに頼みごと（この場合は急なシフト変更に対応してもらうこと）をすることも「えこひいき」だと感じられてしまうことが、現場では実によくあります。

曜日・時間帯ごとに必要な人員数を貼り出しておく

	1	2	3	4	5	6	7	8	9	10	11	12	13	14	15
	月	火	水	木	金	土	日	月	火	水	木	金	土	日	月
10:00	1人	1人	1人	1人	1人	2人	2人	1人	1人	1人	1人	1人	2人	2人	1人
11:00															
12:00	2人	2人	2人	2人	2人	3人	3人	2人	2人	2人	2人	2人	3人	3人	2人
13:00															
14:00															
15:00	1人	1人	1人	1人	1人	1人	1人	1人	1人	1人	1人	1人	1人	1人	1人
16:00															
17:00															
18:00	2人	2人	2人	2人	2人	3人	3人	2人	2人	2人	2人	2人	3人	3人	2人
19:00															
20:00															
21:00															
22:00	1人	1人	1人	1人	1人	2人	2人	1人	1人	1人	1人	1人	2人	2人	1人
23:00															

スタッフの不公平感をなくすには、どうしたらいいでしょうか。結論から言えば、シフト調整をスタッフ自身に任せることです。

店長はアルバイトのリーダー格のスタッフに、売上予測や人件費予算に基づいて算出した「最適人員計画」を事前に渡しておきます。最適人員計画は詳細なものではなく、「平日の昼は●人、夜は○人」と、時間帯ごとに必要な人数を簡単にはじき出したものでOKです。要はシフトの枠組みだけを作ってあげるのです。その枠組みをもとに、戦力バランスをスタッフが自分たちで考え、シフトに名前を入れ込んでいきます。シフトの枠組みは個別にアルバイトスタッフに渡すのではなく、休憩室などに貼り出す、つまり皆に見える化（オープンに）するのです。

それでも、土日やGW、夏休み、年末年始などみんなが休みたいときは同じ。誰もシフトに入ってくれない日や、逆に多くの人が入りたい、という日が出てきてしまいます。ですから、まずはシフト表の横にでも、「みんな、いつもありがとう。夏休みは遊びたいよね。たくさん遊んで楽しんでくださいね。でも少しだけ、お店のことも考えてくれると嬉しいです」とメッセージを書いておきます。

そこで登場してもらうのが、リーダー格のスタッフ。店長ではなく、彼（彼女）を中心に自分たちでシフト調整をしてもらう。これが公平感を生み出します。

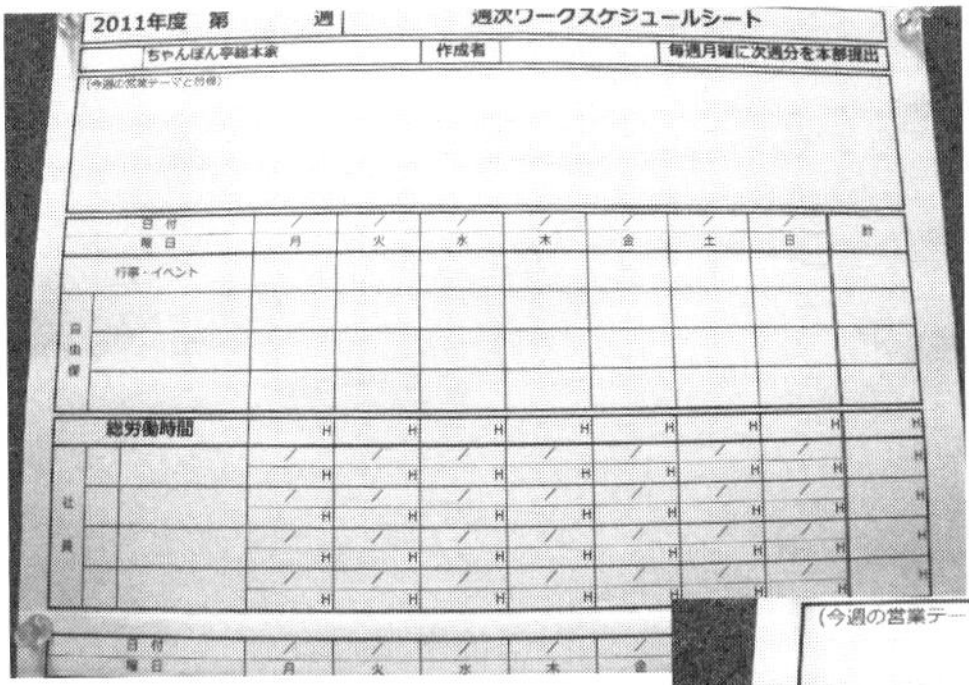

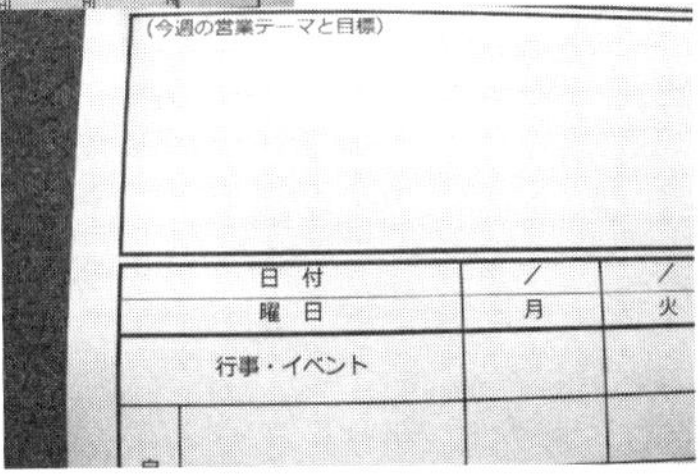

最適人員計画に「今週の営業テーマと目標、イベント」を
書いておくことで、アルバイトにも
「何を目指していくのか？」「今週は何があるのか？」が
明確にわかります。

ワクワク! ハンジョウテン!

しかけ 19

やりたくなる!真似したくなる「身だしなみ」

店長の皆さんが意外に苦戦しているのが、スタッフの「身だしなみ」ではないでしょうか。ジェネレーションギャップもあって、なかなか伝わらないものですね。

特に若年層のアルバイトスタッフの場合、「オシャレ」と思う感覚が私たちとまったく違っていることもしばしば。どうすれば、「お店のブランドイメージ」に合うような「身だしなみ」をしてくれるのでしょうか?

まず前提となるのが、「これが見本」という身だしなみ規定を作ることです。制服はどのように着るのか? 髪の色見本や手や爪の見本なども写真などで表わします。

この「身だしなみ規定」があっても苦戦するのが、女性の化粧です。よく「身だしなみ規定」に「過度・派手な化粧はNG」という文言がありますが、実態は程遠いお店はたくさんあります。そこで効果的なのが、メイクアップに詳しい人からレクチャーしてもらうこと。「いつもの化粧よりもこっちのほうが素敵!」と本人に思ってもらうことが最大の目的です。

写真つき
身だしなみ規定の例

①

①頭髪

★POINT★
清潔でさわやか！

★POINT★
過度な染髪はNG!

★POINT★
下を向いた時に、頭髪が顔に
掛からないように！

★POINT★
長髪の人は、ゴム・ピン等で
まとめましょう！

②

②顔

★POINT★
化粧はお客様に不快感を与えない
程度で！

★POINT★
鼻毛は伸びていないか！

③

③手・指

★POINT★
爪や指先に汚れが溜まっていない
か！

★POINT★
爪は短く切りましょう！

★POINT★
マニキュアは派手、又は原色はNG！

④

④アクセサリー

★POINT★
アクセサリーは外しましょう！
（小さなピアスも外しましょう）

↓パチンコ店A（京都府）のケース

パチンコ店Aでは、特に女性スタッフの髪形や化粧に大変苦戦していました。いくら注意しても「だって、このほうが可愛いし……」と言われていたそうです。盛り髪や逆毛を立てたヘアスタイル、つけまつ毛にカラーコンタクトなど……。

そこで、ヘアメイク&メイクアップアーティストを招いて「身だしなみ研修」を行ないました。普段から身だしなみを注意しているアルバイトスタッフにモデルになってもらい、店舗にふさわしい髪形やメイクをしてもらったのです。

「こっちのほうがずっと素敵」、そう周りのスタッフにも言われたことで、翌日から見違えるように変わったそうです。

「今まで何度言っても変わらなかったのに、プロの人に言われると、面白いくらいに見違えて……。すぐに変わりました。仲間のスタッフや常連のお客様からの評判もすごくよくて、とっても喜んでますよ。たった1回の研修で効果は抜群でしたね」

業務スキルや接客スキルとは違って、身だしなみは特に個人の感性に依存するところが大きいからこそ、本人に「素敵。こうしたい！」と思われることがポイントなのです。

NG
……
マニュアル通りにしてね!
OK
かわいいね!

ワクワク！ハンジョウテン！　しかけ 20

スタッフが店舗運営に参加したくなる「ネーミング」

どうすればもっとお客様に喜んでいただけるのか？　どうすればもっとお客様が来店してくれるのか？　店長は日夜頭を悩ませていることでしょう。そしてその方策をどのようにアルバイトに徹底させるのか？　という壁にぶち当たります。

ここで思い出してほしいのは、スタッフは「お客様に一番近い存在」ということです。「店長よりもお客様感覚を持っている」と言っても過言ではありません。また、彼らは普段からいろいろなお店（時には競合店）に実際にお客として出入りしています。顧客ターゲットがアルバイトと同じ層であるならなおさら、彼らの意見やアイデアを取り入れない手はありません。私たちのクライアント企業で優秀な店長と言われる方々は、アルバイトスタッフをいい意味で「フル活用」しています。

ここで大切なのは、彼らに「参加したい！」「面白そう！」と思わせる「ネーミング」。「接客向上プロジェクト」ではなく「元気ハツラツプロジェクト」といったように、独自性があってワクワクするようなネーミングです。

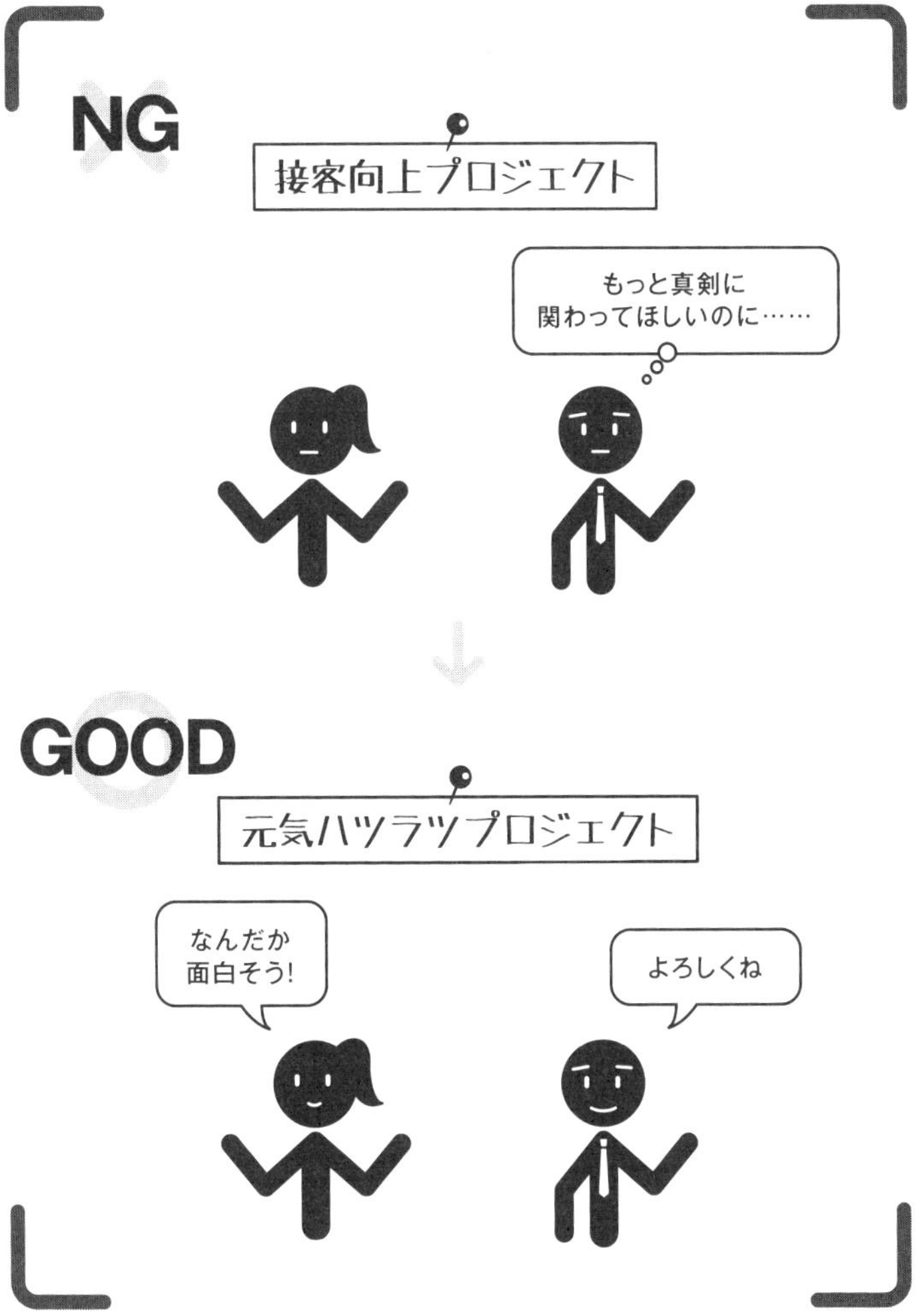
NG
接客向上プロジェクト
もっと真剣に
関わってほしいのに……
GOOD
元気ハツラツプロジェクト
なんだか
面白そう!
よろしくね

↓飲食店A(大阪府)のケース

学生がメインターゲットの、飲食店Aの最も大きな課題は「どうすればお客様がリピートしてくれるのか?」「どうすれば宴会の予約数を増やすことができるのか?」でした。大学周辺でチラシを配ったり、宴会特典をつけるなど、さまざまな手を打ってきましたが、一番頭を悩ませたのが、アルバイトスタッフが本気になってくれないことです。「学校で案内してきて」と頼んでも、「言ってみます」程度にしか動いてくれませんでした。そこで、スタッフだけで構成されたプロジェクトチームを発足。その名も「やったるで!プロジェクト」。ネーミングももちろんスタッフに決めてもらいました。ミーティングで現状の課題やこれまでの施策、それに対する問題点、そして数値目標とゴールイメージを伝えた後は彼らにアイデアを出してもらい、実践してもらっただけです。もちろん、報連相はしっかり取って、最終決済は店長に残したままです。とにかく自由に彼らに考えさせたのです。

アイデア・施策自体はこれまでとあまり変わらない内容だったものの、違ったのは実行力。プロジェクトメンバーがアルバイトスタッフなので、他のスタッフへの周知徹底力がこれまでと大きく変わり、大成功したそうです。

現状の課題

⇒学生の宴会の予約が取れない。他の店に取られてしまっている。

なぜか?

コースメニューが学生に知れ渡っていない。
案内し切れていない。

このままだとどうなるのか?

アルバイトの人数が減るかもしれない。
シフトの時間が減るかもしれない。

これまでの施策

⇒近隣学校や駅でチラシを配った。

問題点

⇒チラシがいつも余っている。＝配り切れていない。
宴会シーズンの直前でチラシを配るので、
その時には既に予約をしてしまっている。(配るのが遅い!)

数値目標

⇒宴会予約数12月、昨年の120%
そのためには、10月からチラシを配る。
アルバイトが学校のサークルやクラブのメンバーに持っていって
案内する(何か得になるようなサービスを付ける＝特別感を出す!)
1人チラシ配布枚数1000枚→アルバイト1人予約数3予約!

ゴールイメージ

⇒とにかくチラシを余らせない。
学校でサークルやクラブの人に直接手渡しして、まずは知ってもらう。

ワクワク! ハンジョウテン! しかけ21

常に考えさせる「もっとよくなる意見箱」

「スタッフに自由に考えさせることが大切」と、しかけ20でご紹介しました。しかけ20は言わば期限つきのイベント時に効果のあるしかけですが、ここでご紹介する「もっとよくなる意見箱」は、期限なしで日常的に考えさせるしかけです。

普段の業務オペレーションを通じてスタッフが感じた疑問や、「もっとこうしたほうが効率的では?」「お客様はもっと喜ぶのでは?」と思ったことをその場で書きとめ、意見箱に入れてもらいます。それを全員で議論検討し、よいものはどんどん取り入れていきます。

自分の意見を取り入れてもらえた、わかってもらえた、と感じることで、しかけ20同様、店舗運営にスタッフが積極的に参加してくれるようになります。それだけでなく、もうひとつ大きなメリットが得られます。「どうすればもっとよくなるか?」を常に考えさせることで、オペレーションが単なる作業にならなくなるのです。

改善提案シート

○○ 店	名前 ○○ ○○

★お客様に喜んで頂けるアイデア
★見直ししたら、もっとお店が良くなる、もっと楽しくなる、
働きやすくなる提案、質問など
（例文）・お子様には笑顔で手を振ってみてはどうでしょうか？
・スタッフでもっと話し合う場があると良いと思います

あいさつは 入った時に
元気に「おはようございます」。
その後 スタッフ 1人 1人に
きちんと あいさつ した方が
いいと思います。
その方が 先輩・後輩との
コミュニケーションにも つながると
思うので‥

自分の意見を取り入れてもらえる
（＝共感してもらえる）ことで、
スタッフはどんどんアイデアを出してくれるようになります。

↓パチンコ店B（大阪府）のケース

パチンコ店Bで、アルバイトスタッフから出た意見を採用したのが、「演出札（「大当たり中！」などと書かれた札）の差し過ぎは止めること」。

それまでB社では、御多分に洩れずたくさんの演出札を差していました。ある時、アルバイトスタッフから「年配のお客様がよく演出札に躓いて転びそうになっていらっしゃる」という声が上がってきました。実際に検討してみると、演出札を多く差すことがなくても影響ないことがわかり、今では演出札の差し過ぎは止められたそうです。

意見を出したアルバイトスタッフはもちろん、他のアルバイトスタッフも自分たちの意見がきちんと検討されたこと、さらには改善にまで至ったことを非常に喜んで、始めた当初は1ヶ月に数枚の意見しか箱に入らなかったのが、今では1ヶ月に数十枚、常に意見が入れられるまでになったそうです。

これによって、アルバイトスタッフの「気づくチカラ」「考えるチカラ」が伸び、単なる業務オペレーションにとどまらない、おもてなしの接客ができるようになったことは言うまでもありません。

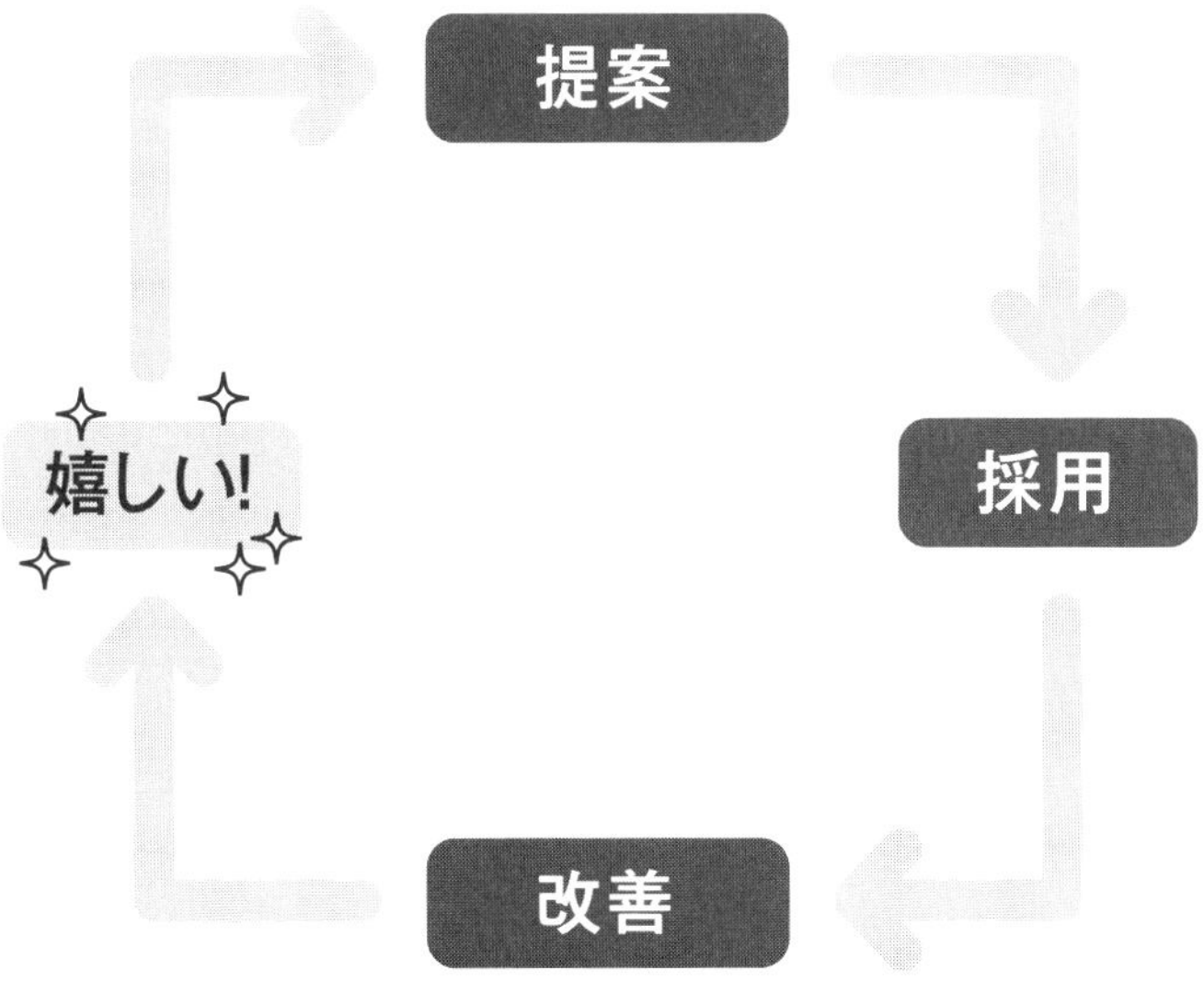

Point

自分の意見が採用され、
実際に改善されることがわかると、
スタッフはやる気になって
どんどん新しい提案をしてくれます。
「うちの店のアルバイトは何も意見を出さない」と
感じている店長さん、もしかしたら、
過去にスタッフからの提案を
スルーしてしまったことはないでしょうか？

ワクワク! ハンジョウテン! しかけ22

アルバイトスタッフ全員を「責任者」に任命する

アルバイトスタッフに責任感がない、仕事を任せられない、という課題は多くの店長からお聞きします。はたして、本当にそうでしょうか?

もちろん、「新人教育責任者」「接客向上責任者」といった職務はベテランで、しかも店長からの信頼の厚いスタッフにしか任せられないでしょう。しかし、もっと業務を細分化してみると、任せられる仕事はたくさんあるはずです。少しがんばればできる仕事について、「責任が誰にあるか」を明確にして、「責任者」に任命すると、そのスタッフの責任感はもちろん、スタッフ間のコミュニケーションも飛躍的に伸びます。

スタッフを責任者に任命する際のポイントは、次の点です。

①「ベストな状態」をその責任者スタッフとしっかりと共有しておく

②ベストな状態になるように常に考えさせる

③店長を介さずにアルバイトスタッフだけでできるように導く（店長は相談に乗る）

⑤

⑤ペーパーを三角に折ります。

★POINT★
取りやすいのと、見た目がきれいになります。

⑥

⑥補充がしっかりとされているか確認します。

★POINT★
ない、ということが絶対に無いようにします。

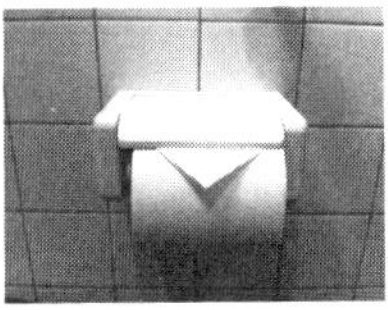

【有るべき姿】
埃ひとつない、補充もしっかりされていて、ペーパーが三角に折られている。

「ベストな状態」とはどんな状態なのか？
写真と文字で説明することによって、
人によるバラつきはなくなります。

↓飲食店B（京都市）のケース

アルバイトスタッフが約30名在籍する飲食店Bでは、その全員を何らかの責任者に任命しました。たとえば次のようなものです。

- 掃除道具整理整頓責任者
- 休憩室美化責任者
- 身だしなみ向上責任者
- もう1品お薦め責任者

責任者を任命するまで、いくら店長が「掃除道具はちゃんとキレイにして直そう！」と注意してもなかなか直らなかったのに、責任者を決めたとたん、一人ひとりが自分の責任領域に対して真剣に取り組むようになりました。店長が言っても聞かなかったことでも、同じアルバイトスタッフから協力してくれるように頼まれると無下にはできず、結果、1ヶ月で改善したそうです。B店ではこの責任者制を約3ヶ月周期で輪番制にしています。そうすることで、これまで見えなかった部分をも全員が知るようになり、ホール、キッチンと仕事内容が異なるスタッフ間でもしっかりとコミュニケーションが取れるようになりました。

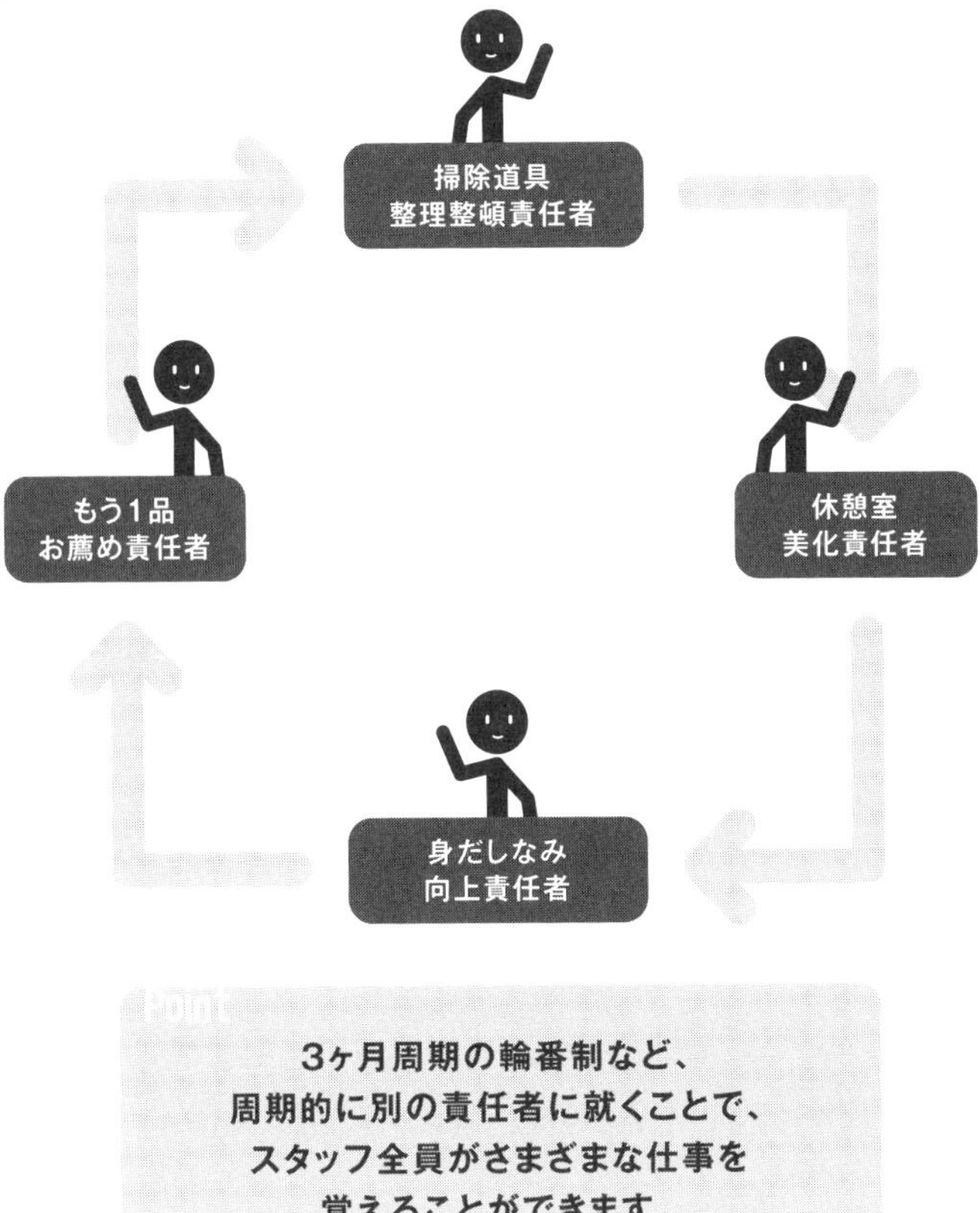

Point

**3ヶ月周期の輪番制など、
周期的に別の責任者に就くことで、
スタッフ全員がさまざまな仕事を
覚えることができます。**

ワクワク! ハンジョウテン!　しかけ 23

常連客の好みを共有する「お得意様ノート」

どんな業態でも「常連様＝リピート顧客をいかにして増やすか」は重要な経営課題で、そのためにクーポンや広告など営業販促をかけているお店は少なくありません。そういった販促はもちろん重要ですが、リピート顧客を増やすキーは、（味やお店の雰囲気は当然あるとして）アルバイトスタッフの接客にあるのです。

お客様の立場になって考えてみれば、簡単なことだと思います。

たとえば、はじめて行ったお店で

「いつもの○○ですよね？」

といった会話があちこちから聞こえてくるお店はとてもサービスがよいお店だと感じないでしょうか？　また、２回目に行ったお店で

「先日初めてお越しいただきましたよね？　また来てくださってありがとうございます！」

と言われたら嬉しくなって、またそのお店に行きたくなりませんか？　それほど、スタッフの接客がお客様のリピートを左右します。

NG
いらっしゃい
ませー
GOOD
また来てくださって
ありがとうございます!

↓飲食店C（愛知県）のケース

常連様を覚えること。それはもちろん経験・勤務年数に左右されますが、実はC店には秘密があります。アルバイトスタッフ一人が対応するのはすべてのお客様ではありませんから、全員でお客様情報を書き込み、共有するのです。

- **お客様の写真（似顔絵でもＯＫ）**
- **名前（あだ名でもＯＫ）**
- **よく食べるメニュー**
- **好き嫌いなどの好み**
- **家族構成**
- **属性**

など、気づいたことをどんどんノートに書き込みます。そうすると、新人スタッフでも早い段階で常連様を覚えることができます。

飲食店Cがこの取り組みを始めて約2年。今では約500名の常連様を共有するようになって、なんと、常連様の結婚式などのイベントにアルバイトスタッフが招待されることもしばしばあるとか！　もちろん、常に行列ができているお店です。

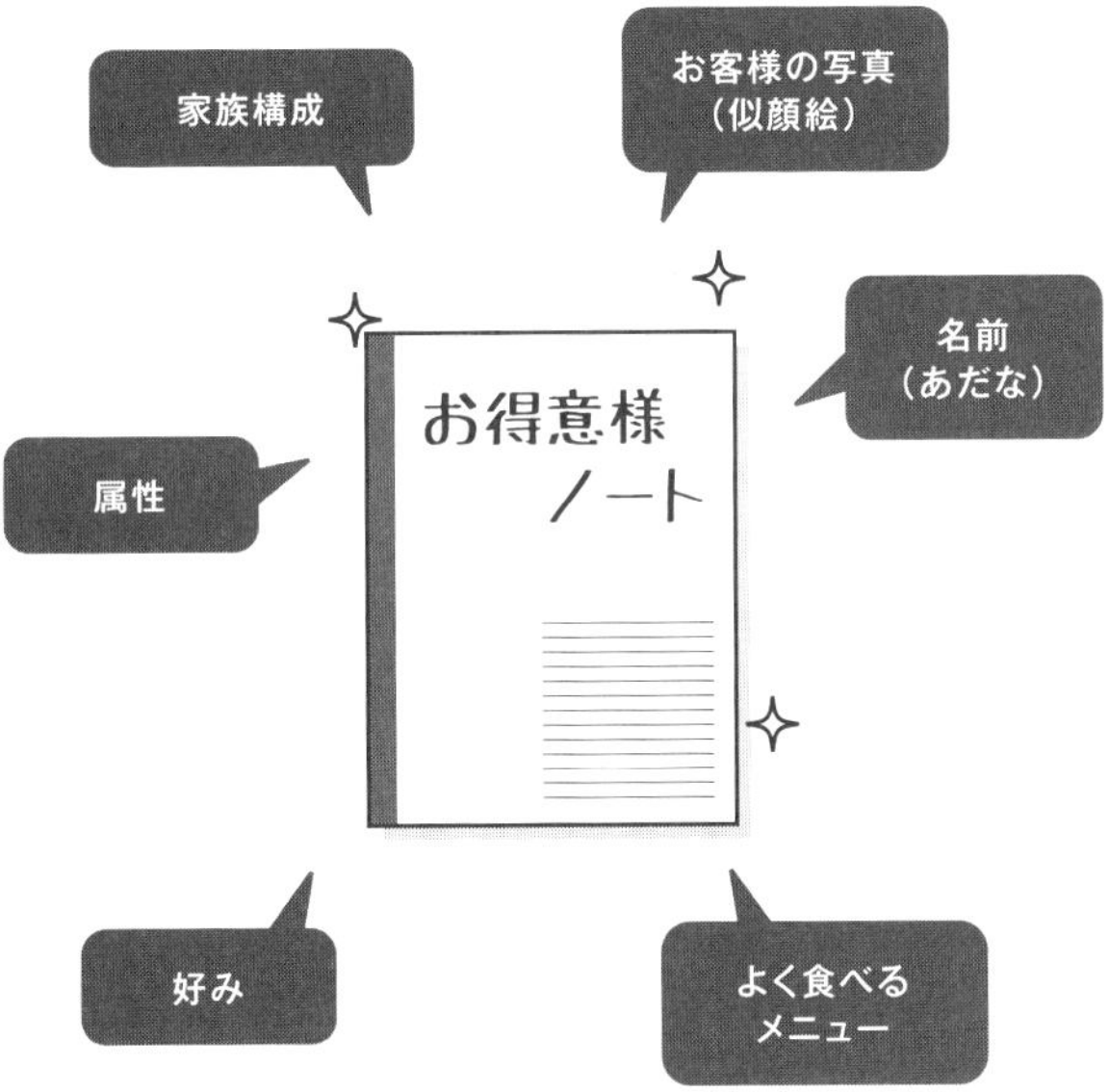

Point

常連様の情報を、ノートにどんどん書き込もう！
スタッフ全員で常連様の情報を
共有することで、
お客様満足度はグンと高まります。

もっとお店を好きになってもらうための「感謝ノート」

アルバイトスタッフは普段の業務の中でお客様からたくさんの「ありがとう」をもらっています。それが、忙しかったり、仕事に慣れてきたりすると、「ありがとう」を流してしまったり、その言葉の重みを忘れてしまったり……。

そんな時に備えて、普段の業務の中でお客様に喜んでもらった具体的なエピソードを集めてノートに記していきます。何か辛いことがあったり、忙しくてお客様の気持ちに気づけなかったり、辞めようかと思った時に、そのノートを読んでもらうのです。

「こんな気持ちになった時もあったなぁ……」

「やっぱりうちのお店、好きだなぁ」

と思ってもらうことがポイント。

どれだけ一生懸命前向きな人でも、ふと辛くなったり、嫌になることはあるでしょう。その時のクッションの役割をしてもらうのです。

お客様は家族。それが愛される、ということ。
～地域に愛されるお店作りをモットーに致します。～

小さなお子様を連れて、
いつも家族3人仲良くこられる
お客様。
ご注文はいつも決まって
味噌ちゃんぽん2つ。
お子様と分けて食べていらっしゃった。
今日はお子様がいつもよりご機嫌♪

「いつもの味噌ちゃんぽん、
2つでよろしいですか？」

「いいえ、今日はちゃんぽん3つでお願いします。」

最初は「ん？」って思った。でも、
すぐにとっても嬉しい気持ちになった。

「大きくなられましたね。
ちゃんぽんでもっともっと大きくなってね。」

お客様のことをよく知る。
すると、気軽に安心して来て頂けるお店になる。
それが、お客様に愛されるということ。

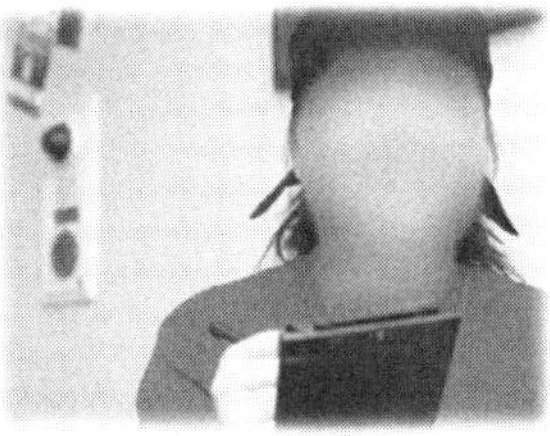

お客様に愛される。
それは、家族のように
お子様の成長をそばで感じられるということ。

今日も大切なお客様のために。
私に何ができるだろう。

感謝ノートに皆が書き込んだ意見をまとめ、
キレイに体裁を整えて活用しているお店もあります。
辛いこと・嫌なことがあった時に読み返せば、
気持ちをリフレッシュすることができます。

ワクワク! ハンジョウテン! しかけ 25

面接でモチベーションをアップする

「感謝ノート」応用編

感謝ノートは他のシーンでも応用できます。

たとえば、感謝ノートを面接時に応募者に見せて、応募者の「動機形成ツール」として活用するのです。

実際のところ、アルバイトスタッフの応募動機の約半分は「家(学校)から近いから」。言いかえれば、家や学校から近くにあるなら他の店でもいい、ということです。

そんな中で、面接時に「この店で働きたい!」「こんな風に仕事をしたい!」と思わせること、つまり動機形成させることが、採用後の離職率低下に大きく影響するのです。

「当店では、こんなふうにお客様に喜んでもらっています」「皆でお客様に喜んでもらったエピソードをこうして共有しているんですよ」

と説明しながら見せてあげると効果的です。

アルバイトスタッフの応募動機

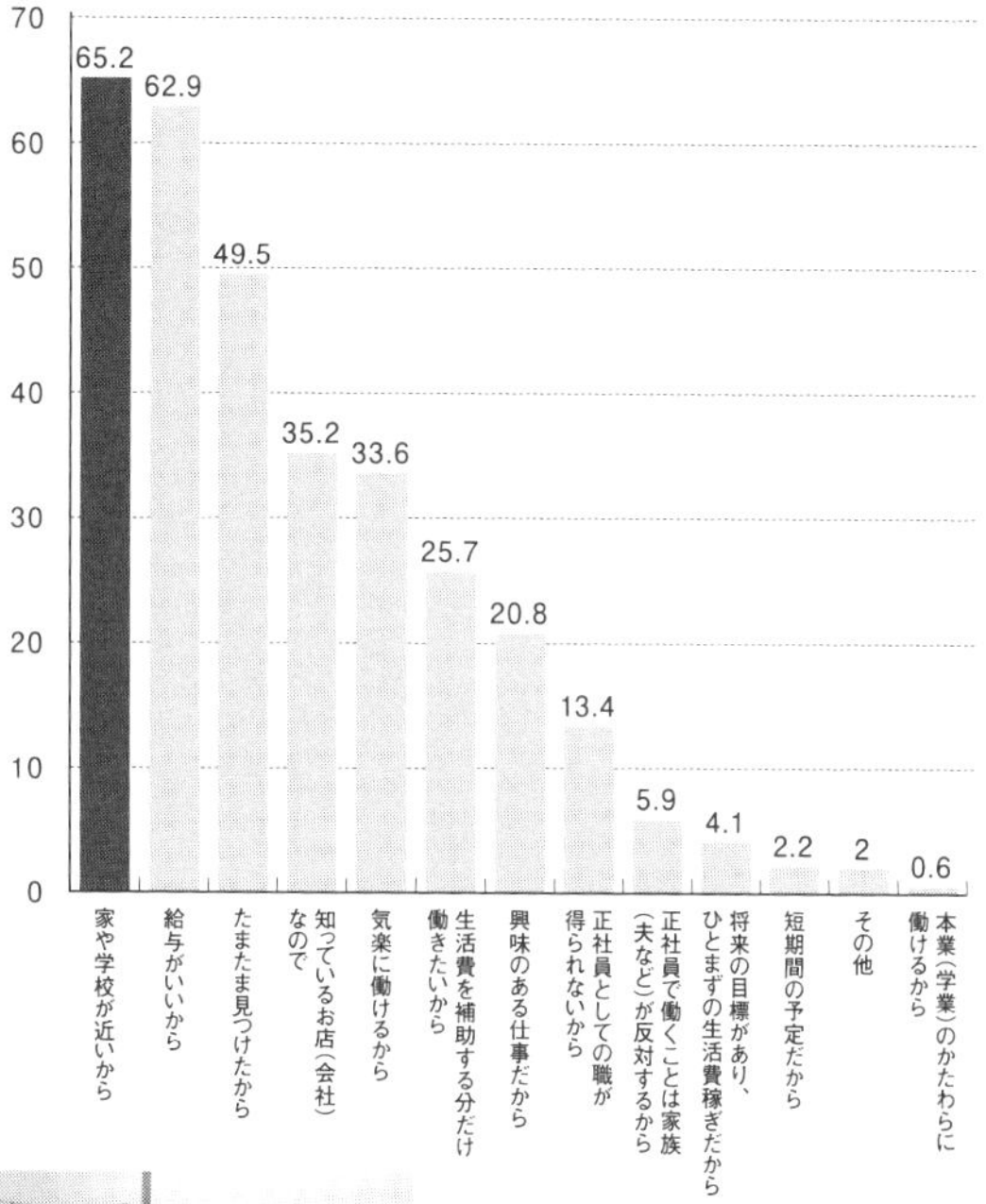
70
60
50
40
30
20
10
0
65.2
62.9
49.5
35.2
33.6
25.7
20.8
13.4
5.9
4.1
2.2
2
0.6
家や学校が近いから
給与がいいから
たまたま見つけたから
知っているお店（会社）なので
気楽に働けるから
生活費を補助する分だけ働きたいから
興味のある仕事だから
正社員としての職が得られないから
正社員で働くことは家族（夫など）が反対するから
将来の目標があり、ひとまずの生活費稼ぎだから
短期間の予定だから
その他
本業（学業）のかたわらに働けるから

短い言葉だとしても、

「お客様からの感謝の声」を見せることで、

「素敵なお店!」

「スタッフがイキイキ働いているお店!」

と感じてもらうことができます。

効果テキメン!

ワクワク! ハンジョウテン! しかけ 26

方向性をはっきりさせるお店の「ワンキャッチ」

ほとんどのお店で「お店のどの点が売りなのか?」は明確になっていることでしょう。「産地直送」「自然で優しいお店」など。

一方で、「どんな気持ちでスタッフが働いているか?」「お客様にどう感じて欲しいか?」がひと言で表されているかと言ったら、そう多くありません。

この「どんな気持ちで働いているのか?」を「ワンキャッチ」で表わすこと（いわゆるカンパニーキャッチ）は、実は、働くスタッフにとっても非常に大切なのです。「私たちは何を最も大事にしているのか」をポスターなどで、アルバイトスタッフにもお客様にも常にわかる（見える）ようにしておくと、働く意識がガラリと変わります。

「ワンキャッチ」を決める時のポイントは、アルバイトも含めたお店の全員にアンケートやヒアリングを実施して、意見を引き出すこと。なぜなら、経営者（オーナー）の考えだけではなく、彼らの意見をも反映させることで、めざすものがより浸透しやすくなるからです。

お店にワンキャッチをつけよう!アンケート

店舗名／　　　　　　　　　　名前／

会社は社長が創立しましたが、社員・**アルバイトみんなのものです**。**みんなの会社**です。

これから「今後の●●」を**全員で創って**いきます。そのためのアンケートです。

皆さんの評価・査定には一切関係ありませんので、「いい会社」にするためにも、
必ず**本音(思ったまま)**を書いてください。

今ダメなものは「ダメ」でいいのです。

ダメな部分を一つひとつよいものへ変えていくことが大切なのですから。

1.どんなお店にしたいですか?(イメージでもOK)
(例／朝起きた時に「やるぞ!」と思えるような会社　など)

2.どんな仲間と働きたいですか?
(例／いつも「ありがとう」と言い合える仲間　など)

3.今までで一番お客様に喜んでもらったエピソード(出来事)を具体的に書いてください。

4.今以上にお客様に満足していただくには、何をすればよいと思いますか?
(お客様の名前を呼べるようになる　など)

5.店が他のお店と違うところは何ですか?
(よい部分も悪い部分も書きましょう)(お客様と仲がよい、常連さんが少ない　など)

6.3年後、あなたはどんな人になっていたいですか?
(地域で一番繁盛店のアルバイトリーダーとしてバリバリがんばっていたい　など)

飲食店E（愛知県）のケース

飲食店Eでは、正社員約10名、アルバイトスタッフ約80名からアンケートを集めて「ワンキャッチ」を創り上げ、それをポスターにしてお店に貼っています。できた上がったワンキャッチが働くスタッフ皆にとって納得できたものだったのはもちろん、今まで以上にお店を好きになってくれたそうです。

自分たちがめざしているものは何か？
普段の仕事を通じて何を最も大切にしているのか？

といった「ビジョン」を、アルバイトスタッフも明確に認識できるようになりました。もちろんお客様にも明確になるので、普段の接客が「ワンキャッチ」に見合っていない場合は、恥ずかしくなりますよね。そういった意味でも、店舗に貼っておくと自然とアルバイトスタッフの身が引き締まり、よりよい接客ができるようになるのです。

皆の意見を集めてできあがったワンキャッチは
「ありがとうをおくり続けたい」。
ポスターにして店内に貼ることで、
「自分たちがめざしているもの・大切にしていること」を
常に意識することができます。

STEP 3

「ゲームクリアの法則」でプロに育てる！しかけ12

ワクワク！ハンジョウテン！ しかけ27

最初に見せる「キャリアパス」

スタッフの成長を促すには、入社初日のオリエンテーションなどで、「入社した今からどこまでステップアップ（キャリアアップ）できるのか」を説明することが大切です。何もわからないアルバイトスタッフにまずは大枠の全体像を明確にしてあげるのです（面接時にこの全体像を見せ説明している企業も多くあります）。

ここで入社初日のポイントを少しご紹介しておきましょう。

①経営理念・行動指針・ハウスルールなどを説明し、共感してもらう

②キャリアパスを大枠での全体像として説明し、どのくらいでどうなるのかをイメージしてもらう

③具体的に細かな指導に入る

大枠での説明のポイントは「どのくらいで」「どうなっているのか」を本人にどこまで具体的にイメージさせられるか、に尽きます。イメージできるように話をしてあげましょう。

キャリアパスの例

	新人			スタッフ	ベテラン
星の数	☆	☆☆	☆☆☆	☆☆☆☆	☆☆☆☆☆
理念共感レベル	【理解】 理念を正しく理解できている			【共感】 理念を正しく理解し、それに共感している	
挨拶	マニュアル通りにきちんと理解し、できる			誰が見ても、いつでもきちんとできる	アルバイト新人に指導ができる
勤怠	無断欠席・遅刻がない（0回）				
身だしなみ	マニュアル通りにきちんと理解し、できる			誰が見ても、いつでもきちんとできる	アルバイト新人に指導ができる
パチンコ業務	注視される状態であるが一人でできる		一人で担当島がまわせる ※繁忙時間帯は除く	繁忙時間帯でも一人で担当島がまわせる	アルバイト新人に業務内容について指導することができる
スロット業務					
接客	マニュアル通りにきちんと理解し、できる		お客様優先の接客が出来る ※繁忙時間帯は除く	繁忙時間帯でも常にお客様優先の接客ができている	応用の接客（おもてなし）ができており、固定客（リピーター）がついている
その他	入社時はこのレベルからスタートする				正社員登用の対象となる
想定時間	0〜3ヶ月	3〜6ヶ月	6〜12ヶ月	1年以上	

Point

より具体的にイメージさせるためには…

➡実際の職場を案内し、キャリアパスを示しながら、そのグレードのスタッフの働きぶりを見せる。

↓パチンコ店D（広島県）のケース

パチンコ店Dでは、キャリアパスがない時には口頭で説明していたそうですが、未経験のアルバイトスタッフにはなかなかイメージが湧きづらく、「何をどうすればいいのか」が不明瞭でした。そこで前ページのようなキャリアパスを作って入社初日に説明するようになりました。さらに入社初日に実際にホールを案内し、「今あそこで接客しているのが入社3ヶ月のスタッフです。一人で接客は一通りできるようにはなっているんですよ。まずはあの状態をめざしてくださいね」「あそこでお客様に接客しているのが、もう2年になるベテランスタッフです。先月入社したスタッフを教えているんですよ。人によって個人差はありますが、だいたい1年以上になると、新人指導までお任せしています。あなたも1年後には誰かを指導できるようになってくれるとありがたいですね」

といったように、期待の言葉を交えて説明していきます。わかりづらかった成長過程を、実際に働くスタッフを見せながら説明することで、本人が具体的なイメージを描けるようになります。「すごくわかりやすい。めざすところが明らかになった！」と入社したばかりのアルバイトスタッフにも好評のようです。

3ケ月はあんな感じ、
1年後はあんな感じに……
はい!
入社3ケ月
入社1年

ワクワク！ハンジョウテン！ しかけ28

「なぜ？」と「ゴール」を伝えるオペレーションマニュアル

接客方法、掃除の仕方、調理方法などのオペレーションマニュアルは、数店舗展開している企業なら、大抵用意しているものです。

ただし、文字ばかりだったり、方法は書いてあっても、なぜそうしなければならないかが書いていないマニュアルがほとんどです。

マニュアル作りに大切なことは、

①何をどの順番で、どうすればよいのか？

②ゴール状態はどうか？

③なぜそうする必要があるのか？

がきちんとわかるようになっていること。

そして「ちゃんと見てもらう＝読んで頭に入れてもらう」ためのポイントが、わかりやすく、見ていて嫌にならないこと。

文字ばかりのモノクロではなく、写真や色を使って作成していきましょう。

マニュアル例1

⑥

⑥ 案内する席を決め、
グラスを人数分用意しておきましょう。

⑦

⑦ グラスの下のほうを持ち、
カウンターの中央に置きます。

★POINT★
なぜグラスの下のほうを持つの？

グラスの上はお客様がお口をつけます。
お客様に不快な思いをさせないように
グラスの下のほうを持ちましょう。

⑧

⑧お子様がいらっしゃれば…
お子様セットを用意しましょう！

★POINT★
お子様セットとは…
お子様用の取り皿＆スプーン＆フォーク

★POINT★
セットが汚れていないかチェックして
拭いてから出しましょう！

★POINT★
鶴ちゃんは、お客様に言われる前に
用意します！それがサービスです！

⑨

⑨「〇名様、こちらのお席へどうぞ！」
とお客様の顔を見て、
指先までピーンと伸ばし、
オーバーアクションでご案内しましょう！

★POINT★
どのお席なのか、が
お客様に分かるように！

↓飲食店E（大阪府）のケース

大阪府で数店舗を展開している焼肉店から、こんな相談をいただきました。「スタッフに納品チェックを頼んだら、納品された食材をキッチンの床に並べてチェックをしていた。『食材は台の上に置くだろう！』と叱ったら、『そうなんですか？』と驚かれた……。そこまで教えないといけないものですか？」このようなご相談、実はたくさんいただきます。そして、その答えは「ＮＯ」です。なぜなら、そんなことをしてしまうと、すべての行動について教えなくてはならなくなるからです。

実はその焼き肉店にはオペレーションマニュアルはあったものの、「なぜ？」の部分が一切書かれていませんでした。接客の場面でも調理の場面でも、衛生管理の方法についてはしっかり書かれていました。しかしそれは方法（いわゆるＨＯＷ ＴＯ）のみで「食材をどう扱うべきか？　それはなぜか？」が書かれていなかったのです。その後、マニュアルに「どう扱うべきか？」「それはなぜか？」をしっかりと盛り込みました。

すべての行動に対しての理由づけを浸透させ、どうすべきかを考えさせること、それがポイントです。

マニュアル例2

①

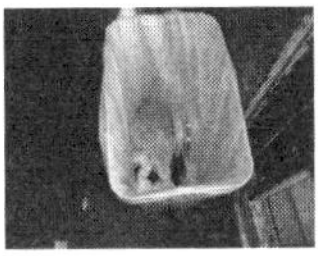

①営業中は店舗のゴミ箱内に袋を入れ、ゴミをストックします。

②

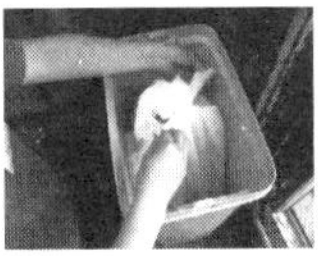

②袋がいっぱいになったら袋を閉じて新しい袋を入れておきます。

★POINT★
次のゴミを捨てられるように準備しましょう。

③

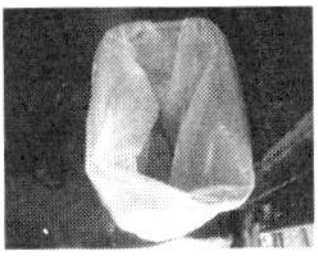

③閉店時にはゴミが店舗に残っていないようにしましょう。

★POINT★
ゴミ（生ごみ）が残っていると雑菌が店内に繁殖しやすくなり食中毒の危険が発生しやすくなったり、害虫やネズミの温床になってしまいます。

④

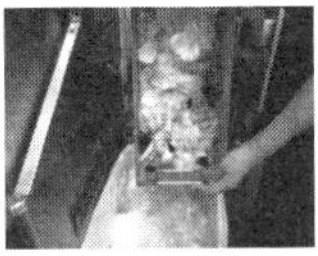

④残飯受けの残飯も可燃ごみです。
閉店後はすべて廃棄してください。

入社1週間で大切なことを、入社1ヶ月で最低限のことを教える

これまで多くの店長さんとお話しさせていただいた経験から言うと、店長のタイプは二極化しているように感じます。アルバイトが入社すると、あれもこれもとたくさんのことを教える店長と、逆に「何とかなるでしょう」とあまり多くを教えない店長の2タイプです。どちらがいいかと言ったら、いずれも効果的にアルバイトを戦力化することができていないのです。では、どのような教育方法がもっとも早期にアルバイトを戦力化しているのか？　それは、期間を区切って教える内容を変化させていく、これに尽きます。

まずは1週間で本当に大切なことだけを教えていきます。たとえば、挨拶（声出し）、身だしなみ、笑顔などを最初の1週間で徹底的にたたき込みます。接客経験のあるスタッフであれば1日でできるかもしれませんが、アルバイト未経験のスタッフには、これらの習得に1週間近く掛かってしまいます。特に飲食業ではアルバイト未経験の方が多く応募してくることも覚えておいてください。

どの段階で何を教えるか、業務を区分けする

等級	習得業務スキル														
	ハウスルール	キッチン1	キッチン2	キッチン3	接客1	接客2	接客3	セールス1	セールス2	クレンリネス1	クレンリネス2	クレンリネス3	セキュリティ1	セキュリティ2	マネジメント
7級	●	●	●	●	●	●	●	●	●	●	●	●	●	●	●
6級	●	●	●	●	●	●	●	●	●	●	●		●	●	
5級	●	●	●	●	●	●		●	●	●	●		●		
4級	●	●	●		●	●		●		●	●		●		
3級	●	●	○		●	○		●		●					
2級	●	●			●					●					
1級	●				●										

Point

1級で習得すべきは、ハウスルールと
接客サービス1のみ。
ハウスルールを1週間で、
接客サービス1を1ヶ月で習得します。

↓飲食店F（滋賀県）のケース

まずは1週間で習得すべきハウスルール。ここでは、経営理念や基本行動はもちろん、「あなたに期待すること」をしっかりと伝えていきます。プロとして接客すること、調理すること。プロとしての定義から、お客様にどう感じてほしいのか、お客様に満足していただき続けるために何をしなければならないのか、などを伝えていきます。

次に接客用語や挨拶の仕方などを教えていきます。実際には現場で先輩スタッフについて声出しをしてもらいます。

「いらっしゃいませ」「ありがとうございます！」「またお越しくださいませ」など先輩スタッフと共に山びこ挨拶をして、大きな声で挨拶・接客することを体で覚えていきます。

この声出し山びこ挨拶を習得するのに、飲食店経験者のスタッフでも1週間近く掛かるそうです。「大きな声での挨拶」が飲食店Fのモットーのひとつですから、ここを1週間でしっかりとたたき込むわけです。もちろん挨拶声出しをしながら、先輩スタッフと共にお客様へお料理を提供するなど、業務にもついてもらいます。

先輩スタッフに続いて、スタッフ全員で声出し。
接客用語を覚えることができる、
大きな声で挨拶することへの抵抗感がなくなる、
というメリットがあります。

ワクワク！ハンジョウテン！　しかけ 30

入社1ヶ月の100項目チェックリスト

そして次に入社1ヶ月で習得することを100項目に絞っておき、チェックリストを使って毎日業務終了後にチェックしていきます。

100項目を3週間でマスターする。つまり1日5～6項目。一人前になる数ヶ月後の遠い目標ではなく、「今日できるようにならなければならないこと」を業務前に明確にしておいて、1日の業務終了後に一緒にチェックし、おさらいをします。

というのも、アルバイトスタッフ（特にアルバイト未経験のスタッフ）にとって、先が遠い目標はなかなかイメージできません。それよりも、この1ヶ月でできるようになっている自分をしっかりとイメージしてもらい、その上で今日できるようになることを認識してもらいます。

もうひとつ大切なことは、「一緒におさらいをする」こと。少なくとも入社後1ヶ月は店長が接点を多く持ち、大切にしていることをしっかり伝えていく必要があります。

店名／
氏名／
指導者氏名／

No.	チェック項目	本人チェック 評価(1.0)	本人チェック 点数	指導者チェック 評価(1.0)	指導者チェック 点数
1-1-1、個人衛生（手・指の清潔）／100点			0		0
1	調理場の作業に入る前に必ず手洗いをしますか?		0		0
2	休憩で外出した後や清掃後、トイレに行った後も必ず手洗いをしていますか?		0		0
3	まず、10秒間流水で汚れを落としていますか?		0		0
4	薬用ハンドソープをポンプ2回プッシュして手のひらに受け取っていますか?		0		0
5	手のひらをこすっていますか?		0		0
6	指の間を洗っていますか?		0		0
7	指もしっかり洗っていますか?		0		0
8	手首・ひじまで洗っていますか?（約40秒）		0		0
9	20秒間、流水でハンドソープをしっかり洗い落としていますか?		0		0
10	ペーパータオルでしっかり水気を拭きとっていますか?		0		0
11	手に水気が残っていないのを確認して手のひら全体にアルコールスプレーをかけていますか?		0		0
12	アルコールスプレーは自然乾燥させていますか? ※ペーパーなどで拭き取りはNG		0		0
13	手・指に傷がある時はプラスチックグローブを付けますか? ※絆創膏だけはNG		0		0
14	調理場作業中は顔や髪の毛を触っていませんか? もし触ったらすぐに手洗い・消毒をしていますか?		0		0
15	作業で手が汚れたときは必ず手洗いをしていますか?		0		0
16	ユニフォームで汚れを拭き取っていませんか?		0		0
17	ダスターで拭き取っていませんか?		0		0
	合計／100点		0		0

飲食店なら、衛生管理の項目は入社1週間で徹底させるようにしましょう。
手の洗い方などは習慣なので、はじめにクセづけることが大切です。

↓飲食店G（三重県）のケース

三重県を中心に4店舗展開している飲食店Gは、入社したスタッフのうち3割程度が入社後1ヶ月以内に辞めてしまうという、早期離職率の高さに悩んでいました。そこでまずは、STEP0でご紹介した入社前のしかけを導入し、ミスマッチを減らしました。次に入社後1ヶ月の100項目チェックリストを使って、毎日店長と一緒にチェックをしていきました。導入した当初は「ここまでしなければならないのか？」と各店長から懸念の声も上がっていましたが、導入して3ヶ月、入社後1ヶ月間以内の離職率は3％程度にまで下がったのです！

アルバイトスタッフから実際にあがったのは、

「何をすればいいのかがわかりやすかった」

「とにかく100点を取りたい！　と思ってがんばれた」

といった声です。さらに飲食店Gでは、チェックリストの点数を他のスタッフに公開することによって、チームワークの向上も図っています。「1ヶ月で100点を取れるようにしてあげよう！」という気持ちになり、既存スタッフが教えるようになったそうです。まさに、ALL FOR ONEの精神ですね。

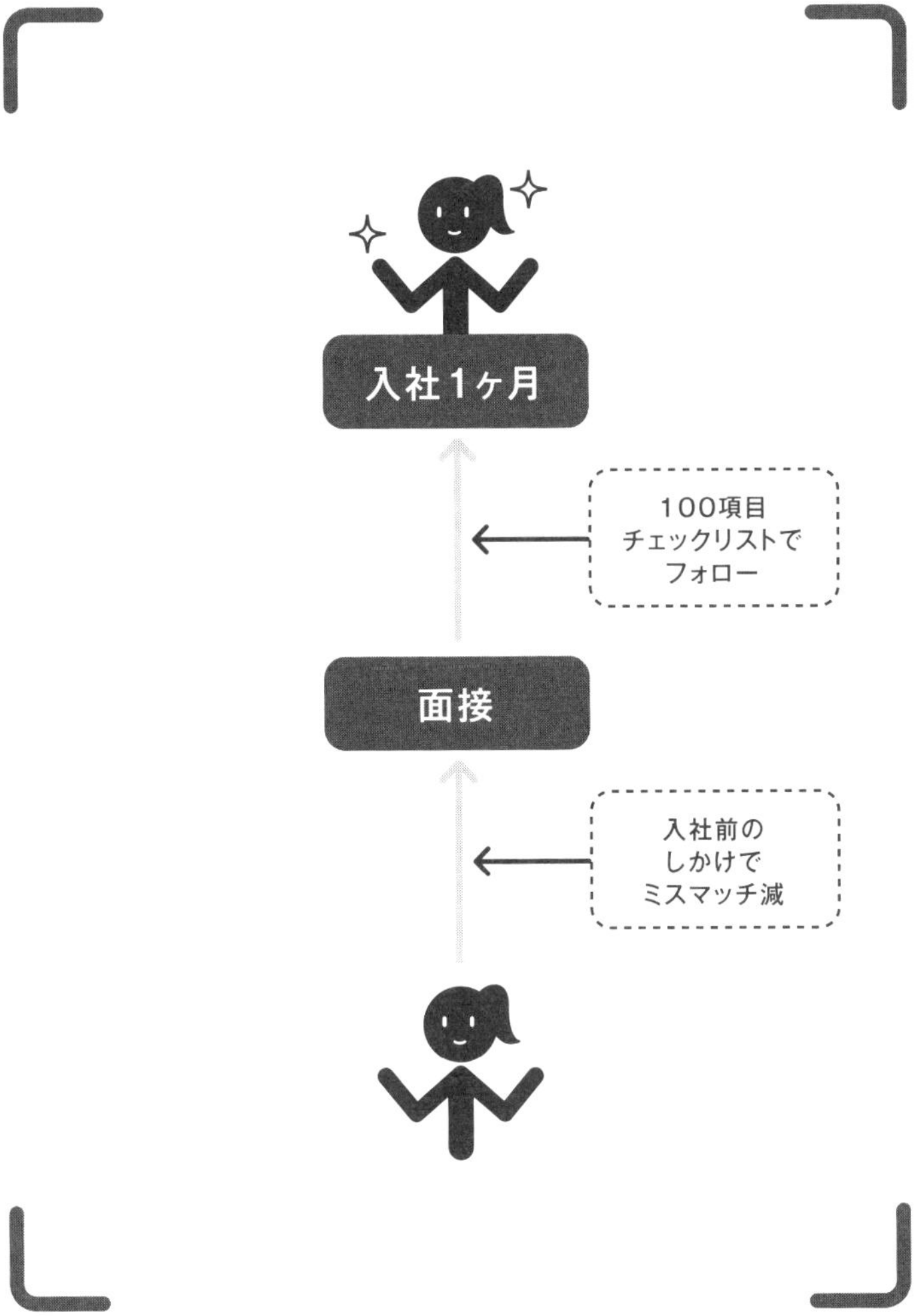
入社1ヶ月
100項目
チェックリストで
フォロー
面接
入社前の
しかけで
ミスマッチ減

ワクワク！ハンジョウテン！　しかけ31

オリジナルの名前をつけて「見える化」する

楽しみながら「わかりやすい目標」を持ってもらうためのしかけのひとつが、レベルに応じてスタッフの名前を変えていくことです。これによって、「次は◎◎になりたい！」と思わせるのです。ちなみにこの方法は、チェーン展開している企業のほとんどがすでに取り入れています。

シングル→ダブル→トリプル→リベロ

キャスト→スター→スーパースター→マスター

といったようなものです。

ここで大切なことは、自社独自の名前が好ましいということ。たとえば、東京ディズニーランドでは「スタッフは夢の国の乗組員」という意味合いから「クルー」、あるスーパーチェーンでは「スタッフは仲間」という意味合いから「メイト」と名づけられています。また、何ができれば次のランクに進めるのかがわかりやすく表現されていて、評価や給与と連動していれば、さらに効果的です。

習得業務スキルに応じたお店独自の名称

名称	等級	星数
チーフ	7級	★★★★★★★
トレーナー	6級	★★★★★★
トレーナー	5級	★★★★★
レギュラー	4級	★★★★
レギュラー	3級	★★★
レギュラー	2級	★★
ビギナー	1級	★

名称	等級	習得業務スキル														
		ハウスルール	キッチン1	キッチン2	キッチン3	接客1	接客2	接客3	セールス1	セールス2	クレンリネス1	クレンリネス2	クレンリネス3	セキュリティ1	セキュリティ2	マネジメント
チーフ	7級	●	●	●	●	●	●	●	●	●	●	●	●	●	●	●
トレーナー	6級	●	●	●	●	●	●	●	●	●	●	●		●	●	
トレーナー	5級	●	●	●	●	●	●		●	●	●	●		●		
レギュラー	4級	●	●	●		●	●		●		●	●		●		
レギュラー	3級	●	●	○		●	○		●		●					
レギュラー	2級	●	●			●					●					
ビギナー	1級	●				●										

ビギナー➡レギュラー➡トレーナー➡チーフと
4段階で名前が変わっていきます。
仕掛け29の習得スキルと連動させればBETTER!

↓飲食店F（滋賀県）のケース

ランクに名前をつけたら、ぜひそれを「見える化」しましょう。たとえば、飲食店Fでは名札にランク名が入っているほか、「★」を名札に貼って「見える化」しています。

お客様から「レギュラーって何？」というご質問をいただいて会話が弾んだり、常連のお客様には「この間までトレーナーだったのに、チーフになってるよ。おめでとう！」といったお言葉をいただいたりと、お客様をも巻き込んでアルバイトスタッフの「嬉しい」「楽しい」という気持ちを盛り上げていきます。

↓子供服アパレル企業Gのケース

ランクの「見える化」を応用して、認定者バッジを作っているアパレル企業もあります。研修や試験を受けたスタッフであるということをお客様にわかってもらえるほか、働くスタッフが「あのバッジをつけたい！」と思ってやる気を出してくれるというメリットがあるようです。

トレーナーから
チーフになったね。
おめでとう!
田中花子
チーフ

Point

**「今、自分はどのランクなのか?」を
名札に記せば、
お客様との会話のきっかけになりやすく、
スタッフの気持ちが盛り上がります。**

ワクワク！ハンジョウテン！　しかけ32

ポイントを貯める！すべての行動がポイントに！

今では多くのお店がポイントカードを導入していますね。ポイントを貯めるのって、楽しくないでしょうか？

その楽しさを応用したしかけをご紹介しましょう。スタッフのすべての行動をポイント化し、ポイントを貯める楽しさを感じてもらうのです。大手チェーン企業の中には、ＩＴシステムを導入してスタッフのポイント化を進めている企業も見られますが、アナログでも十分、対応できます。

簡単なポイント制度では、お客様に喜んでもらったら3ポイント、仲間に喜んでもらったら2ポイント、といったように項目とポイント数を決め、あとはポイントカードを作って、ハンコや印をポンポンとつけていくだけ。

期間限定でもできますし、常時活用しても、もちろんＯＫです。

こうしてポイントを貯めることを通して、普段の業務が作業にならないようにするのです。

Point

「ポイント制」をお客様のためだけに
使うのはもったいない!
スタッフにもポイント制を導入すれば、
業務が楽しくなり、「作業」にならなくなります。

パチンコチェーンHのケース

全国展開しているパチンコチェーンHでは、スタッフのあらゆる行動をポイント化しています。ポイント数に応じて表彰するのはもちろん、お食事券やさまざまな商品などの賞品も用意しています。

ポイント化されているユニークな例を少しご紹介しましょう。

・社長塾への参加：1ポイント

年に約200回開催されていて、アルバイトスタッフも自主参加できます。会社の方針を示し、従業員との価値観を合わせるのを主な目的に開催しています。

・アルバイトの紹介（面接に来たら、紹介者に）：1ポイント
・アルバイトの紹介（その後採用されたら、紹介者に）：10ポイント
・アルバイトの紹介（入社後3ヶ月経ったら、紹介者に）：20ポイント
・意見出し：1ポイント（しかけ21を参照ください）
・朝礼や終礼での発表：1ポイント

などなど…。

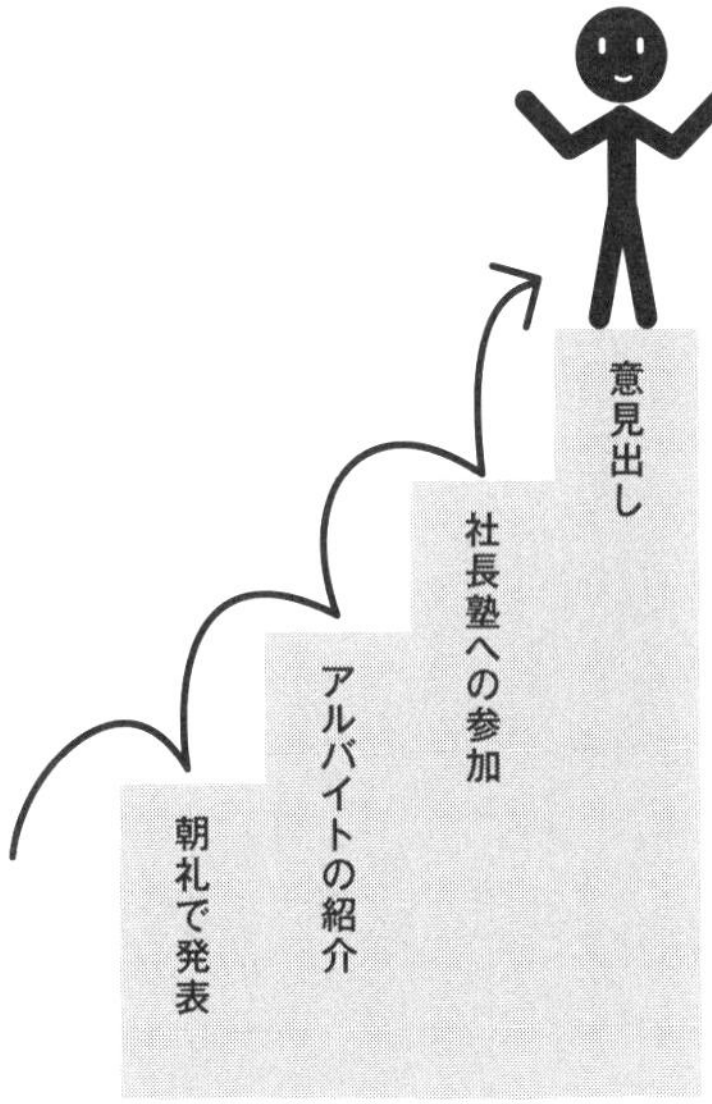

Point

「スタッフにこれをやってほしい」と思う行動すべてをポイント化してしまえば、「やってほしい」方向に動いてくれるようになります。

目的を意識させる「今日の私、コレやるぞ！」

スタッフの戦力化に欠かせないこと、それは「短いスパンでの成長」です。どんな小さなことでもいいので、一つひとつ階段を上っていくこと。それがスタッフの戦力化には欠かせません。

この「小さな目標」には、実はもうひとつ大きな意図があります。それは、アルバイトスタッフに単なるオペレーション作業をさせないように意識づけを行なうこと。業務に慣れてくると、どうしても単純な作業になりがちです。そこに、毎日違う「小さな目標」を立てさせることで、意識を変えていくのです。

「お客様を絶対笑顔にさせる！」「大きな声で挨拶する！」など小さな簡単な目標を掲げさせます。その目標を朝礼時に発表させたり、名札に書いたりすることで、自分にも仲間にも、そしてお客様にも「見える化」していきます。

来店したお客様にとっても、「店舗の一店員」から「○○さん」という個人に、スタッフへの意識が変わります。

大きな声で
挨拶する
お客さまを
笑顔にさせる!

Point

小さくて簡単な目標を、毎回立てさせましょう。
朝礼時に発表させる、目標を名札に書くなど、
周囲にまで「見える化」すると、
本人の意識はガラリと変わります。

↓飲食店D（兵庫県）のケース

飲食店Dでは、毎日出勤したら「自分の名札に目標を書くこと」ことからスタートします。毎日異なる目標を設定しなければならないので、スタッフも毎日必死で考えなければなりません。「笑顔で接客する」という目標でも、気候やイベント時期によって趣向を凝らしています。たとえば、雨の日なら「雨ですが、お客様の気持ちが晴れやかになるような笑顔で接客します！」

金曜日や土曜日の宴会が多い時には、「心に残る会になるように、笑顔で接客します！」など。

この「毎日の小さな目標名札」を実施してから、お客様からのお声掛けが非常に増えたそうです。帰り際に「心に残る素敵な笑顔をありがとう！」と、「小さな目標」に対する感謝のお言葉をいただいたり、名札に書いた目標が達成できていない時には、お客様から温かいご指摘をいただくこともあるそうです。

以前は業務以外に何を話せばいいのかわからなかったスタッフが多かったそうですが、この「小さな目標名札」がお客様との会話のきっかけになって、お客様アンケートでの満足度も上がったそうです。

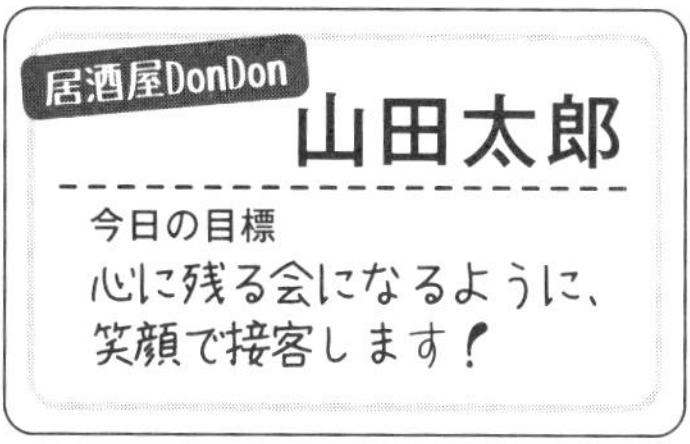
居酒屋DonDon
山田太郎
今日の目標
心に残る会になるように、
笑顔で接客します！

Point

「名札に書いた目標」が、お客様との
会話のきっかけになることもあります。
会話の苦手なスタッフにとって、
目標入りの名札はお客様との距離を縮める
絶好のチャンス！

ワクワク！ハンジョウテン！ しかけ 34

アルバイトスタッフによる「競合店調査」

競合店調査をしてみたことはあるでしょうか？　客層が重なるライバル店に行って、商品やサービス、店内の様子をチェックするものです。飲食店なら、どんなメニューがあるのか？　実際に食べてみておいしかったかどうか？　従業員の接客はどんな雰囲気だったか？　オーダーが出てくるまでの時間はどうだったか？　店内は清潔だったか？　それらすべてに見合う料金だったか？

そういった調査を自店舗のアルバイトスタッフにぜひやってもらいましょう。スタッフに他店に行ってもらい、もちろん報告書もしっかりと書いてもらいます。

この調査によって競合店の様子を知ることももちろん重要ですが、本当の狙いは別なところにあります。スタッフは他店を見ることで、接客面、衛生面などさまざまな点について、自分たちの店と比較するようになるのです。自然と、自店や自分たちができできていないことに気づいたり、改善方法を見つけたり……。

調査に行ったアルバイトスタッフは他店を見ているようで、実は自分たちの棚卸をしているのです。

調査報告書の一例

1　総合項目

以下の欄に5段階評価で該当する数字を入力してください。

	気配り度合い	(5:感動　4:合格　3:良いでしょう　2:もう一歩　1:まだまだ)
	料理の提供時間	(5:感動　4:合格　3:問題なし　2:遅い　1:腹が立つ)
	お店の清潔度	(5:感動　4:合格　3:普通　2:汚い　1:不快)
	スタッフの笑顔、明るさ	(5:感動　4:合格　3:普通　2:暗い　1:不快)
	料理のおいしさ	(5:感動　4:合格　3:普通　2:まずい　1:もう結構)
	再来店の意思	(5:必ず来たい　4:また来たい　3:来るかも　2:来ないかも　1:来ない)
0	←自動計算欄	

2　業務チェック項目

以下の　欄に2・1・0の3段階評価で該当する数字を入れてください。

(2:満足　1:問題あり　0:即改善すべき)

入店前	1		入店前の通路はきれいに清掃されていましたか?
	2		店構えは入ってみたくなり、期待させられる雰囲気をしていましたか?
	3		店頭看板、ポップは感じ良く飾られていましたか?
0	コメント:上記の項目で減点した理由を詳細にご記入ください。 またその他気になった点良かった点などございましたらご記入ください		(　)
受付	4		店内に入ったときすぐに気づいてくれましたか?
	5		入店と同時に「いらっしゃいませ」の声がかかりましたか?　またそれは笑顔で発声していましたか?
	6		人数、お名前の確認はありましたか?
	7		ウェイティングの説明は、感じの良いものでしたか?(ウェイティングしたとき)
	8		ウェイティングの時のサービスは用意されましたか?(ウェイティングしたとき)
0	コメント:上記の項目で減点した理由を詳細にご記入ください。 またその他気になった点良かった点などございましたらご記入ください		(　)
案内	9		速やかに座席の案内がされましたか?
	10		遠くから手招きではなく、きちんと席まで案内されましたか?
	11		メニュー、テーブル、イスの状態はきれいでしたか?
0	コメント:上記の項目で減点した理由を詳細にご記入ください。 またその他気になった点良かった点などございましたらご記入ください		
オーダー	12		目を見てオーダーをとっていましたか?
	13		オーダーの復唱はありましたか?
	14		お薦めのメニューの推薦などのコミュニケーションがありましたか?
	15		「かしこまりました」「ありがとうございます」など、オーダーに対してお礼の言葉を言っていましたか?
	16		従業員は笑顔で対応していましたか?
0	コメント:上記の項目で減点した理由を詳細にご記入ください。 またその他気になった点良かった点などございましたらご記入ください		(　)

集計(自動計算)

0	1:総合項目／30点満点	0	2:業務チェック項目／100点満点	評価点 0／100

評価点は1の点数と2の点数を170点換算したものの合計。200点満点。

↓飲食店I（兵庫県）のケース

飲食店Iでは、新しい店舗が近隣にできると必ずアルバイトスタッフに調査に行ってもらっています。またお客様に「接客のよいお店」「居心地のよいお店」などを教えてもらい、同じようにアルバイトスタッフに調査に行ってもらいます。

スタッフを早期に戦力化するには、マニュアルを作成したり、先輩スタッフが教えたりとさまざまな方法があるわけですが、実は難しいのは、さらなる戦力化です。思いやりの心、おもてなしといったことを教えるのは、実に難しいものです。おもてなしの心は、自分自身で磨き続けなければならないもの。ですから飲食店Iでは、磨き続ける「気づきの場（機会）」として、この競合店調査を活用しています。

実際に調査に行ったアルバイトスタッフからは

「とても勉強になった」

「お客様のためにできることはもっともっとあるということがよくわかった」

という声が上がっています。中には自ら進んでいろんなお店へ赴き、報告書を書いて他のスタッフと共有しているスタッフも出てきているそうです。

競合店、見本・手本としたいお店を
チェックする

↓

接客面、衛生面などさまざまな点で、
自店と比較する

↓

自分たちができていないことに気づく
改善方法を見つける

↓

自分たちの棚卸ができる
おもてなしの心を磨き続ける機会になる

ワクワク！ハンジョウテン！　しかけ 35

思わず調査したくなる競合店リスト

「競合店調査」応用編

スタッフにわざわざ競合店調査に行ってもらうには、時給や飲食費などの該当経費が必要となりますが、「そこまで経費を掛けられない」という方も少なくないかもしれませんね。そういった店舗にお勧めしたいのが、「スタッフにちょっとだけ気をつけて見てきてもらう」ためのしかけです。

まずバックヤードなどに近隣の競合店をリスト化しておきます（地図上に競合店の印をつけるのも効果的）。次に、メニューの数、おいしさ、接客のよさ、清潔さなど大きな項目だけでいいので、「注目するべきポイント」を表にまとめます。その表の点数を、プライベートで訪れたスタッフに任意で埋めていってもらうのです。こうして「見える化」し、「ゲーム感覚で埋めていく楽しさ」を用意してあげるだけで、プライベートで行ったついでに、ちょっとだけ気をつけて見てくれるようになります。プライベートですので、特に経費は必要ありません。可能なら、しかけ32のポイントをつけてあげるとさらに効果的です。

地図上につけた競合店の印

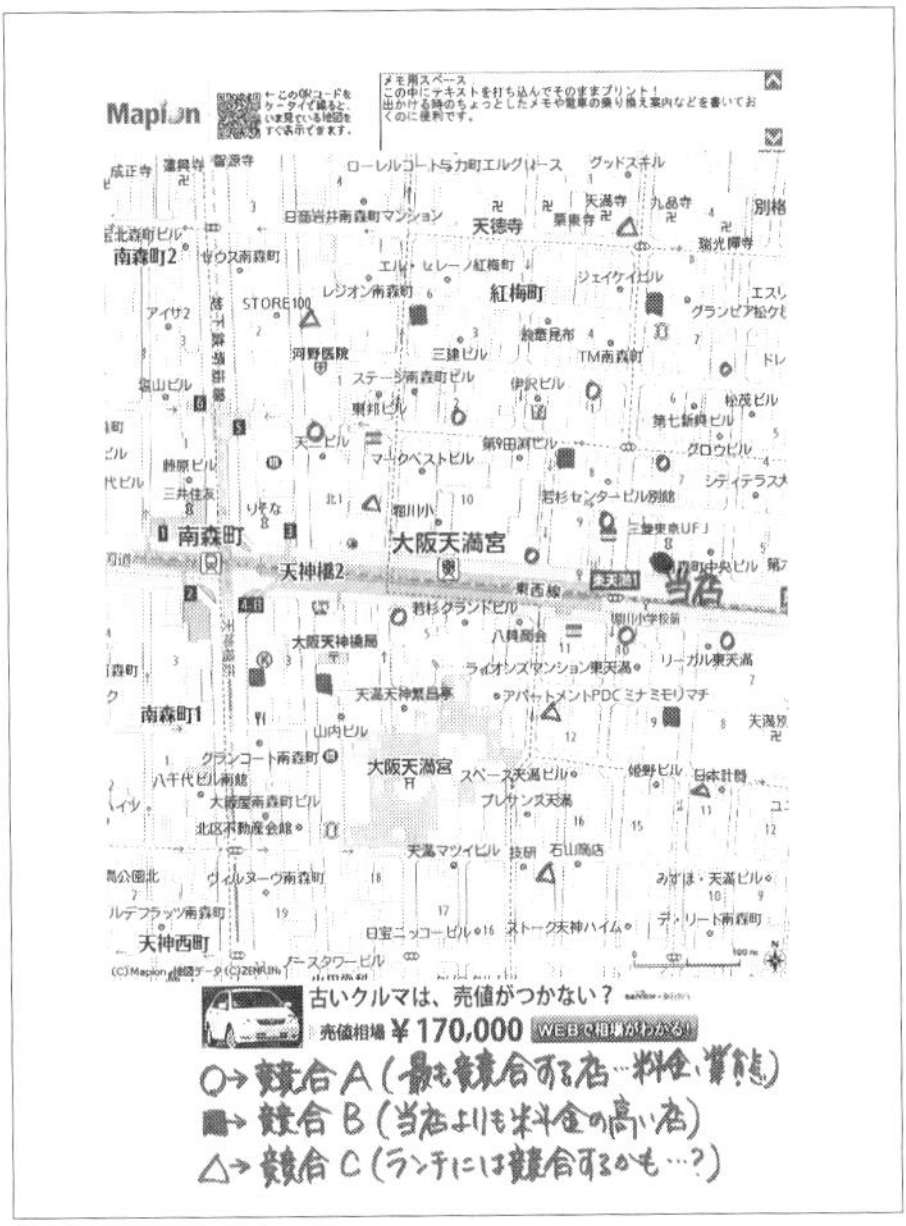
Mapion
南森町2
紅梅町
天徳寺
南森町
大阪天満宮
天神橋2
当店
南森町1
大阪天満宮
天神西町
古いクルマは、売値がつかない？
売値相場 ¥170,000
○→競合A（最も競合する店…料金、業態）
■→競合B（当店よりも料金の高い店）
△→競合C（ランチには競合するかも…？）

	お店の雰囲気 ※5段階	平均単価	メニュー数	ドリンク数	接客の良さ ※5段階	料理の美味しさ ※5段階	料理のスピード ※5段階	居心地の良さ ※5段階
競合店A	3	800円	46	50	3	4	2	3
競合店B	4	920円	68	80	5	4	3	4
競合店C								
競合店D								
競合店E								

店舗のアクションプランとゴールを「見える化」する

アルバイトスタッフに経営数字を開示している会社は、まだ多くはありません。

ただ、彼らこそがサービスの、つまり売上・利益の最前線で従事しているわけですから、スタッフにもお店の目標・ゴールとそのためのプランを明確に伝えることが必要です。

設定する目標は、売上はもちろんですが、来店者数や常連客数、客単価なども入れておくと効果的です。たとえば客単価の目標を○円、そのためのアクションプランを「全員でデザート1品をお勧めする」とした上で、その進捗（達成率）をバックヤードの壁などに貼り出します。

こうして見える化することによって、スタッフ一人ひとりの目標に対する意識が高まるのです。

ポイントは、目標を多くても3つまでに絞ること。たくさんの目標を設定しても追いかけきれませんから、多くても3つまでに絞って、3ヶ月くらいのスパンでその目標を変えていきましょう。

お店の目標・ゴールを「見える化」しよう！

		アクションプラン
目標売上	300,000円	全員が空いている時間に交代で、お店の前で呼び込む！
目標来店者数	150人	家族連れ、大人数を狙う！
目標常連様数	90人	「またお越しくださいませ」を必ず言う！
目標客単価	2000円	全員でデザート1品をお勧めする！

↓飲食店J（愛知県）のケース

飲食店Jでは、目標の一つひとつに輪番で担当スタッフを決めています。アクションプランの実行・推進も彼らに任せています。担当に任せることによって、担当スタッフ本人が他のスタッフに声を掛けながら、目標達成に向けて動き出してくれるそうです。

たとえば「客単価200円UP」という目標を設定した時には、「今日は忙しくてなかなかもう1品のお声掛けができなかった。オーダーを取る時にオプションメニューを勧めてはどうか？」という声掛けがありました。

「清掃徹底」という目標を設定したときには、担当のアルバイトスタッフが毎日どこを清掃していくかのスケジュールを立てて、全員が通常より5分早く出勤して清掃活動を行なったそうです。また「新規のお客様UP」という目標を立てたときには、アイドルタイム（暇な時間）に店の周辺を清掃しながら地域の方々に挨拶するというアクションプランを立て、輪番で店の前に立ったそうです。

驚くほど素晴らしいスタッフの姿に見えるかもしれませんが、一つひとつのしかけを打っていくことで、彼らは自然に動き出してくれるのです。

		オープン前	アイドルタイム
1	月	駐車場・入口玄関でほうき掃き	交差点(南側)までほうき掃き
2	火	交差点(南側)までほうき掃き	駐車場・入口玄関でほうき掃き
3	水	駐車場・入口玄関でほうき掃き	交差点(北側)までほうき掃き
4	木	交差点(北側)までほうき掃き	駐車場・入口玄関でほうき掃き
5	金	駐車場・入口玄関でほうき掃き	交差点(南側)までほうき掃き
6	土	交差点(南側)までほうき掃き	駐車場・入口玄関でほうき掃き
7	日	駐車場・入口玄関でほうき掃き	交差点(北側)までほうき掃き
8	月	交差点(北側)までほうき掃き	駐車場・入口玄関でほうき掃き
9	火	駐車場・入口玄関でほうき掃き	交差点(南側)までほうき掃き
10	水	交差点(南側)までほうき掃き	駐車場・入口玄関でほうき掃き

Point

「ゴールはどこで、そのために
どんな行動をすればいいのか」
を決めさえすれば、
スタッフは自然と動き出します!

お客様に選んでいただく「今月のNO.1」

飲食店のアンケートで、「今日一番輝いていたスタッフは誰ですか？」という項目を目にすることがありますよね。でもあの結果、どうなっているのかお客様にはわからないことが多くないでしょうか？

お客様の立場になると、せっかく投票した（選んだ）のですから、その経過と結果を教えて欲しい、と思いませんか？

そこでお勧めしたいのは、アンケートでも投票箱でも何にしても、その結果（今月のNO・1＝輝いているスタッフ）の途中経過や最終結果をお店に貼り出していくことです。なお、貼りだすのは全員ではなく、上位3名くらいが適切でしょう（最下位のスタッフには逆効果になってしまうため）。

「私、今2位なんです！　精一杯接客させていただきますので、投票お願いします！」

といったような会話もお客様との間で生まれてきます。

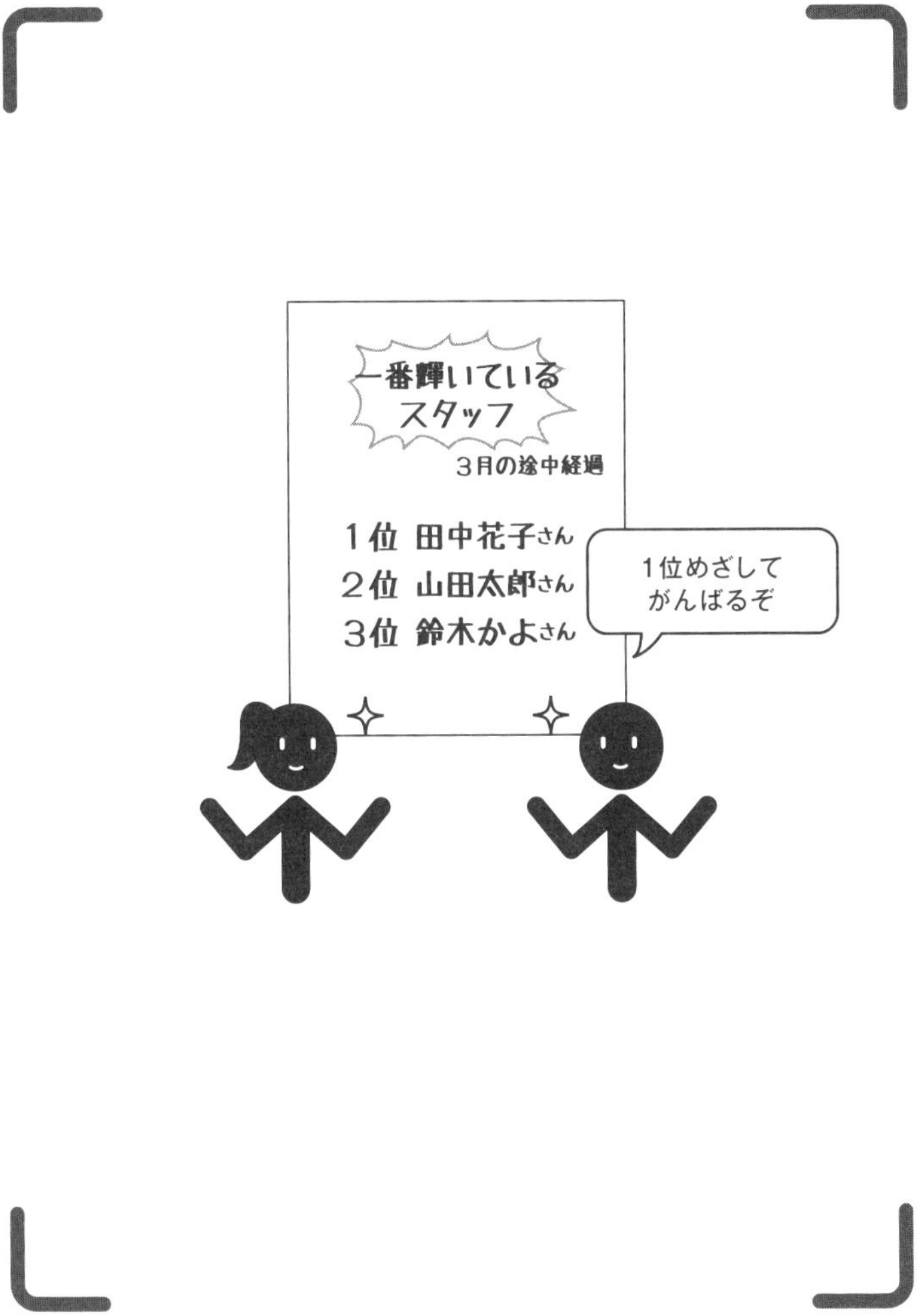
一番輝いている
スタッフ
3月の途中経過
1位 田中花子さん
2位 山田太郎さん
3位 鈴木かよさん
1位めざして
がんばるぞ

↓飲食店K（大阪府）のケース

ＮＯ・１制度を導入して半年になる飲食店Ｋ。この店舗では「輝いているスタッフＮＯ・１」からはじまって、今では毎月異なるＮＯ・１をお客様に選んでもらっています。

笑顔ＮＯ・１、丁寧さＮＯ・１、元気ＮＯ・１、一生懸命さＮＯ・１、成長度ＮＯ・１……など、毎月ＮＯ・１の項目を少しずつ変えることで、同じスタッフばかりがＮＯ・１にならないよう、全員にスポットが当たるように工夫しています。

これによって、アルバイトスタッフにもお客様にも大きな変化がありました。

「とにかくお客様に褒めていただけるのが嬉しい！」

「一度ＮＯ・１をもらったら、次も取りたくなってがんばってます！」

とゲームをどんどんクリアしていく感覚で取り組んでもらっています。

「最初はしどろもどろだったAさんが、スラスラオーダーを取っているのを見て、こっちまで嬉しくなったよ。しかもそれでＮＯ・１になってくれたからね」

とアルバイトスタッフ個人の成長やがんばりをお客様が応援してくれる、応援するためにまたお店に足を運んでくださる――今では常連のお客様もＮＯ・１を楽しみにしているのです。

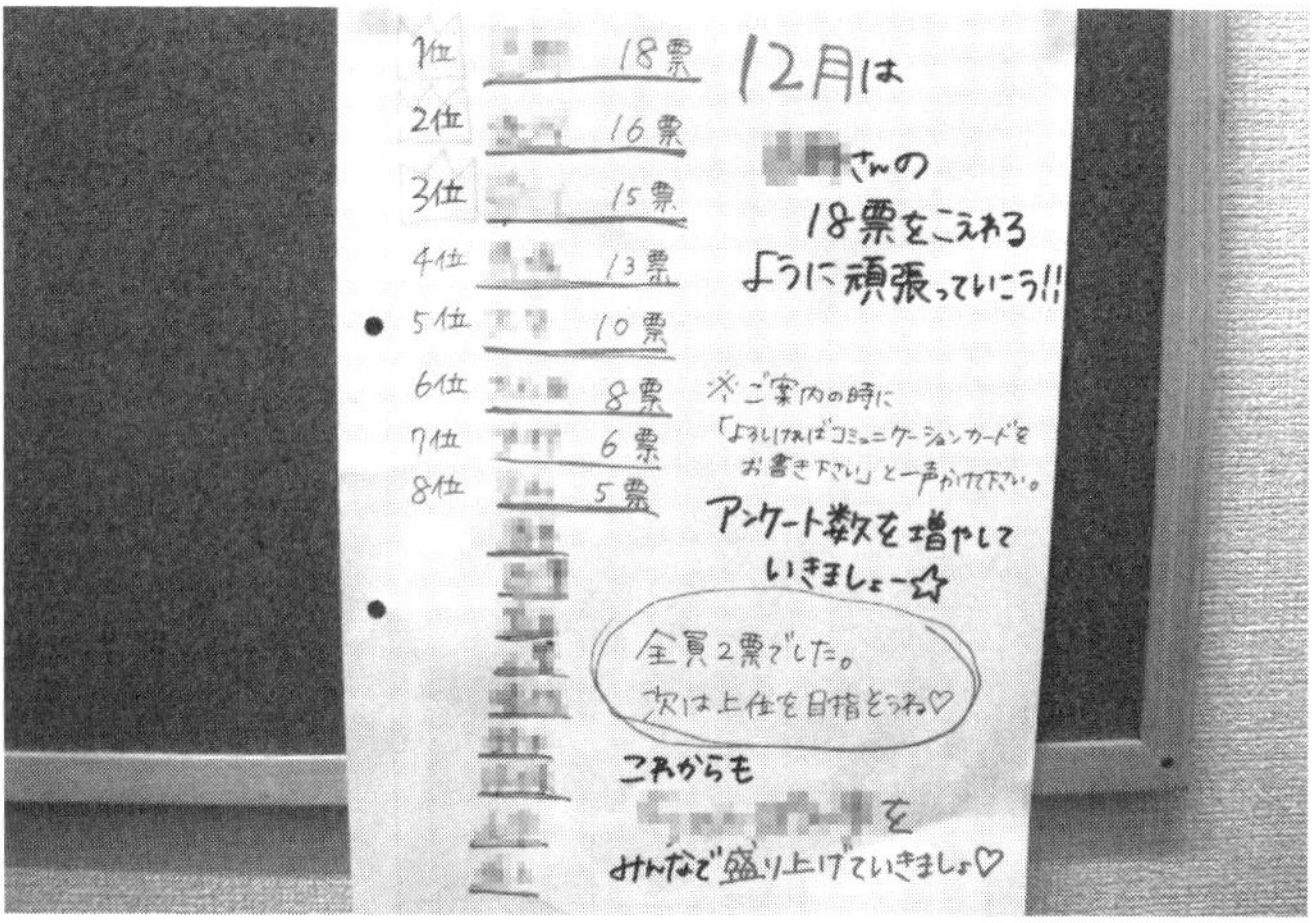

「輝いているスタッフNO.1」「笑顔NO.1」「丁寧さNO.1」「元気NO.1」「成長度NO.1」などさまざまなNO.1を設ければ、全員にスポットが当たりやすくなります。

ワクワク! ハンジョウテン! しかけ 38

ポイントカードの「新規顧客獲得目標」を設定する

しかけ32でも言及したように、ポイントカードを導入している店舗は多いと思います。そんなお店にお勧めしたいのは、しかけ36とも連動した「新規顧客獲得目標」を設定することです。このしかけは回転率の高いラーメン店や定食屋業態などではあまり向きません。どちらかと言うと居酒屋業態や会食業態など、お客様の滞在時間の長い＝一組のお客様への接客時間の長い業態に向いているしかけです。

方法は簡単です。目標設定に「新しいお客様の獲得」という項目と目標数を設定し、方法を担当アルバイトスタッフ中心に考えてもらいます。全スタッフに積極的に参加してもらうためには、担当アルバイトスタッフに、毎日「今日のリーダー」を輪番制で任命してもらうと効果的です。

ここでのポイントは「今日の目標まで◎人」といったように、数時間ごとに目標までの残り人数を明確に見える化し、全員で意識を高めることです。

居酒屋DonDon

ポイントカード

Point card

目　標：新しいお客様の獲得

目標数：1日10組

今日のリーダー：

方法　　　　　：

↑

アルバイトが中心となって考える

↓飲食店L（京都府）のケース

京都を中心に10数店舗を展開している飲食店Lは、ここ数年、低単価の競合店が近隣に多数出店し、業績が伸び悩んでいました。そこで、まずは常連のお客様が何人いるのかを洗い出し、皆で共有しました。次にもっと新規のお客様を増やそうと、「新規のお客様へポイントカードへのご入会をお勧めする活動」がスタートしました。お店にポスターや案内パンフレットを置いても入会してもらえない。お席まで説明にお伺いしても入会してもらえない。最初の2ヶ月くらいはそんな状態でした。それが担当スタッフを任命し、目標数字を毎日意識させることで、徐々に変化し始めました。スタッフ同士でお客様にお勧めするロールプレイングを始めたり、うまくお勧めできないスタッフの練習につき合ったり、お客様からよく聞かれる質問への回答を自分たちで考える勉強会をしたり。また、一定時間ごとに「目標達成までの人数」を発表することで、「あと2時間で10人！」といった声掛けが店内で起こり、スタッフ間のコミュニケーションも活発になったそうです。

その取り組みを始めて1年。当初は約６００人だった常連数は、なんと６０００人にまで増え、昨年対比の売上１２０％というすばらしい成果につながりました。

お客様にポイントカードへのご入会をお勧めする
練習中のアルバイトスタッフ。「どこまで伸ばすのか」
というゴールを設定すると、クリアするために
スタッフ同士で努力し始めます。

STEP 4

「感謝の法則」でプロに育てる! しかけ10

ワクワク！ハンジョウテン！　しかけ39

活気が出る、空気がよくなる「円陣朝礼」

「ゲームクリアの法則」でスタッフが成長していくと、店内は活気づき、お店のメンバーに感謝し合う土壌が生まれます。お互いを尊重し合う空気をさらに盛り立てるための、朝礼でのひと工夫をお伝えしましょう。

業務連絡に重きを置いているお店、朝礼自体がないお店もまだまだありますが、店内を活気づかせて「これから仕事をするぞ！」という気持ちにさせることが朝礼の目的です。そういう意味で、円陣を組んだり、体育会のクラブの掛け声のように「山びこ掛け声」を実施することは効果的です。前日にお客様からいただいたお褒めの言葉を発表したり、他のスタッフの行動を褒めることも、よい空気の中で仕事を始めることにつながります。

朝礼以降にシフトインするスタッフには、キッチンの入り口で大きな声で挨拶してもらったり、経営理念や行動指針を大きな声で唱和してもらいます。すでにシフトに入っている他のスタッフがきちんとそれに応えることで、一体感も生まれます。

感動体験を共有する！
前日にお客様に感動してもらったこと、
自分が感動したことを発表する。

褒め合う場にする！
すごいね！ と皆で褒め合える場にする。
拍手や握手なども効果的です。

↓飲食チェーンMのケース

元気のよさ、大きな声で有名な飲食チェーンMでは創業以来ずっと円陣朝礼を続けており、毎朝の外（駐車場）での朝礼は有名。時には見学されるお客様も多いようです。

まずは店長からのひと言。今日の目標、期待することを発表します。もちろん、だれよりも大きな声で元気よく。その後全員で挨拶と基本行動を大きな声で唱和します。次にアルバイトスタッフも含めて全員が「今日の目標」を大きな声で発表し、全員で拍手します。

入社したばかりのアルバイトスタッフはなかなか大きな声が出せなかったり、目標が言えなかったり……ということもありますが、それでも全員で応援し声出しをしていきます。

「もしこの朝礼がなくなったら、気持ちが乗らなくなってしまうかも……」

「どれだけ嫌なことがあっても、この朝礼で気持ちが入れ替わる。多少しんどい日でもこの朝礼で元気をもらえる感じがします！」

入社1ヶ月後にはほとんどのスタッフが、こんなふうに成長しているのです。

名物の円陣朝礼。全員の距離が離れているので、
大声を出さざるを得ません。
仕事前に大きな声を出すことで、自然と気合が入ります。

ワクワク! ハンジョウテン!　しかけ 40

「ありがとう」を伝える「サンクスカード」

アルバイトスタッフ間のコミュニケーションを活発にするのに有効なのが、「サンクスカード」です。普段の仕事の中で感謝したことを表現することで、店内に思いやりや気遣いが生まれます。

「いつも残って私に接客の仕事を教えてくれてありがとう」「この前のミーティングですばらしい意見を出してくれてありがとう」などのメッセージをカードに書いて、ありがとうの感謝の気持ちを込めて手渡します。

店長からスタッフへはもちろん、スタッフからスタッフへ。毎日の仕事が終わった後に、今日の仕事を振り返り、感謝の気持ちをカードに書き込みます。日々の仕事の後に書くことで、毎日何か、誰かに感謝の気持ちを持とうという意識づけになります。

サンクスカードを壁に貼り出したり、お客様にも見ていただくことで、お店全体に「ありがとう」を言い合う風土が生まれます。

Point

このサンクスカードの数を
評価に組み込んでいる会社は多数あります。
評価とまではいかなくても、
MVPなどの表彰をするケースもあります。
表彰のポイントは、送った人がもらった人よりも
多くポイント加算されること。そうすることで、
もっとありがとうを伝えようとさせることができます。
ポイントは「ありがとうと言われるよりも
ありがとうと言える人になろう!」
という意識づけなのです。

↓飲食店P（愛知県）のケース

サンクスカードを導入して約半年が経ったP社では、いつも店内の壁にたくさんのサンクスカードが張り出されています。常連のお客様はもちろん、新規のお客様も、料理が提供されるまでの間や帰り際に、見て楽しんでいます。

「シフトがいつも違うので帰り際にしか会わなかったスタッフとも交流ができるようになりました」

「ほんの少しの気遣いのつもりでしたことでも、誰かに喜んでもらえている、と感じることができました。もっと自分にもできることがあるのでは？　と思えるようになりました」

と、アルバイトスタッフにも好評のサンクスカード。

5店舗を展開しているP社では、もっとも多い店舗では1ヶ月に約300枚近くのカードが手渡されています。

また、P社では毎月サンクスカードMVPのスタッフを「社長と食事」という副賞つきで表彰しているのですが、この食事会は、日頃はスタッフとのコミュニケーションが少なかった経営者にとってもとても貴重な機会となっています。

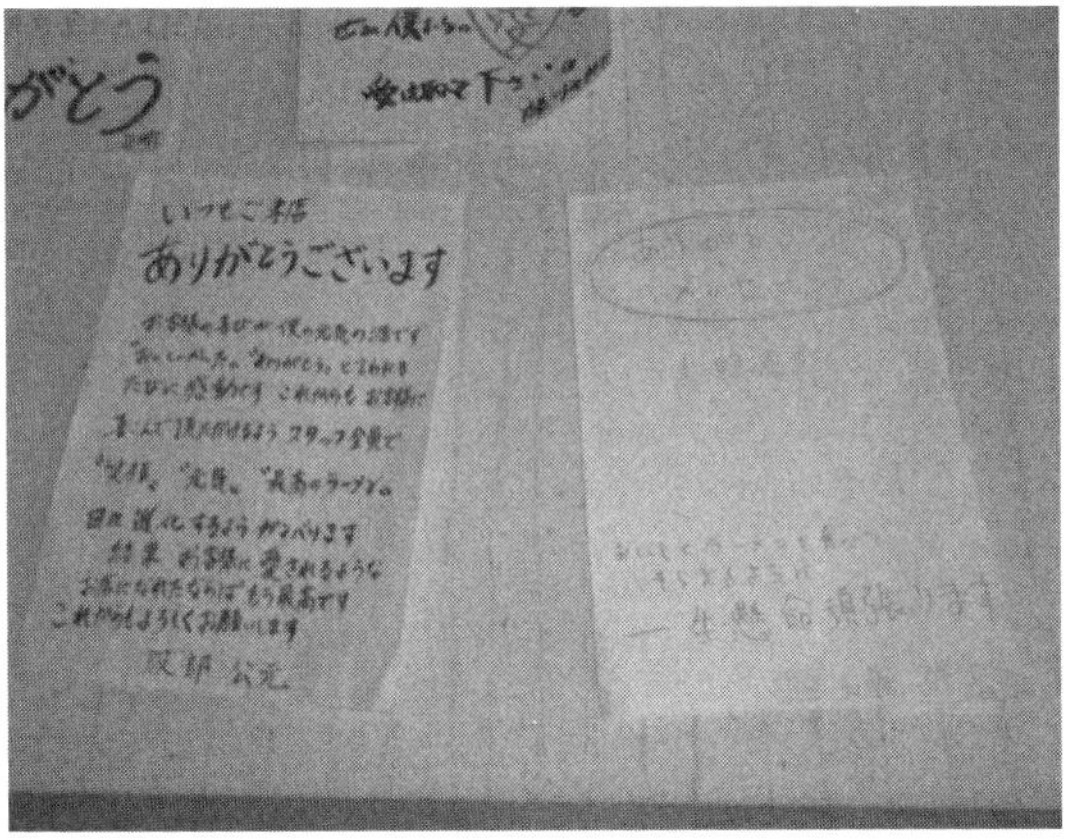

Point

社長やマネージャー、店長から
おめでとうのメッセージが書かれている。
単に表彰するだけではなく、
ここでも「感謝」の気持ちを
伝えることがポイント。
面と向かっては恥ずかしくて言いにくい
「ありがとう」の言葉が、
カードだと言いやすいと好評。

ワクワク！ハンジョウテン！　しかけ41

褒め合う風土を作る！
「サンクスカード」応用編

サンクスカードはかなり応用が利きます。たとえば、「いいね！」とほめる際には「GOOD JOBカード」「すごい！カード」を使います。他のスタッフにもぜひ見習ってほしいと思う接客をしているスタッフ、キレイに清掃してくれているスタッフを褒める時に使うカードです。

「今日の接客、お客様にとても喜んでもらえてたね」

「入社して1週間。もうすべてのメニューを完璧に覚えてるよね」

など、ぜひみんなにも見習ってほしい行動や働く姿勢を褒めます。多くの店長からよくお聞きするのは、「照れくさくてなかなか褒められない」さらには「できていないことばかりが目についてしまい、ついつい叱ってしまう」といったお悩み。そんな場合でも、褒めるカードを使えば自然と褒める風土が醸成されます。

また、これらのカードはサンクスカード同様、スタッフに自分の周りの誰かの言動に目を配り、気づいてもらうためのカード（しかけ）です。

「ありがとう」だけでなく、「ワクワクしました」
「すごい！」など、カードに入れるメッセージは
さまざま作ることができます。
メッセージの種類が多いほど褒める機会が増えて、
その分だけお店の空気は明るくなります。

ワクワク！ハンジョウテン！　しかけ 42

「ありがとう」を伝える感謝デー

複数店舗を展開している会社の場合、アルバイトスタッフが社長に会う機会はなかなかありません。そんな状況なら、年に1回くらいは社長からの感謝デーを開催しましょう。

食事会でもボーリング大会でもなんでもいいでしょう。そこまで大きなイベントでなくても店舗のバックヤードでお菓子やジュースを持ち込んで会を開催してもOK。

大切なことは、議論したり、勉強したりといったものではなく、単純に普段一生懸命働いてくれているスタッフへの感謝の気持ちを伝える会にすることです。

会う機会がめったにない社長から直々に「いつもありがとう」と伝えてもらったり、会社の歴史や経営者の創業の想いなどを聞くことができれば、スタッフのモチベーションは上がります。また、会社の歴史や創業の想いなどに触れることで、よりロイヤリティ（愛社精神）も深まります。そして、「また明日からがんばろう！」という気持ちが湧いてくるのです。

年に一度の感謝デー

Point

- 食事会、ボーリング大会といった大きなものでなくても、店舗バックヤードでのプチパーティーでもOK
- 普段やっている「飲み会」を「感謝イベント」と称するだけでも、スタッフの捉え方はガラリと変わります。いつもの飲み会＋感謝の言葉を述べる、店長がちょっとした一芸を披露する、などのアレンジを
- 店長だけでなく、社長からお礼の言葉を伝えると、スタッフのモチベーションは上昇
- 会社の歴史や創業時の想いを伝えると、ロイヤリティが深まります。せっかくのイベントですから、こんな時にしか聞けない話を披露してみましょう
- スタッフの家族や友人を招けば、通常の飲み会とは違う「感謝デー」の雰囲気がよりいっそう出ます

夕礼を「褒め合う場」に変える

朝礼を実施しているお店は多いようですが、シフトの関係上、夕礼を実施しているお店はあまり多くありません。皆さんのお店でも、自分のシフトが終わると「お先に失礼します」と各自が帰るのが通常ではないでしょうか？

これでは味気ないですよね。

ぜひ、この帰り際をフル活用しましょう。スタッフの仕事終了時に（ある時間に仕事をあがるスタッフがたとえ一人でも）、店長が必ず、今日のよかったことを「褒めて」あげます（店長がお休みの日などは、指導している先輩アルバイトスタッフでもＯＫ）。

「この前教えた『お客様へのひと言』できてましたね。すごいね！」

「今月も無遅刻無欠勤ですね。ありがとう」

など、できていないことを注意・指導するのではなく、今日できたことを褒めてあげるのです。そうすることで、次の出勤日も「またがんばろう！」「次も褒められたい！」と思わせることができます。

「今日のよかったこと」の例

この前教えた『お客様へのひと言』できてましたね。すごいね!

今月も無遅刻無欠勤ですね。ありがとう

今日の案内、すごくスムーズにできましたね!

今日の目標、20万円! 皆のおかげで達成しました! ありがとう!!

○○ちゃんの笑顔いいねって、お客様が言ってたよ～

今日、△△さんがバックヤードの掃除をしてくれました! ありがとう。おかげで気持ちよく休憩時間を過ごすことができました!

◎◎さんの新人への教え方、かなりうまくなってきたよね。頼りにしてるよ～

スタッフ間で褒める機会を作る

「褒める夕礼」応用編

閉店時の夕礼はほとんどの場合、複数のスタッフとの夕礼になるでしょう。スタッフが複数いることを活かして、スタッフ同士が褒めあう夕礼の場にバージョンアップしましょう。店長がアルバイトスタッフを褒めるのももちろん大切ですが、スタッフ同士が、

「○○さんが、家族連れのお客様へさっと余分にお手拭を差し上げていました。お客様も大変喜んでいらっしゃいました。すごい気配りだなぁと思います」

「△△くんが休憩室を掃除してくれていました。とても使いやすくなりました。ありがとうございます」

と、スタッフに感謝の気持ちを述べさせる場を作ってあげます。もちろん褒められたスタッフは嬉しいですし、何よりも他のアルバイトスタッフの言動に目を配り気づかせることができます。

人の成長には「成功体験をいかに多く積ませるか？」が大きく寄与していることは言うまでもありません。褒める夕礼はいわば、この成功体験を毎日積ませることなのです。

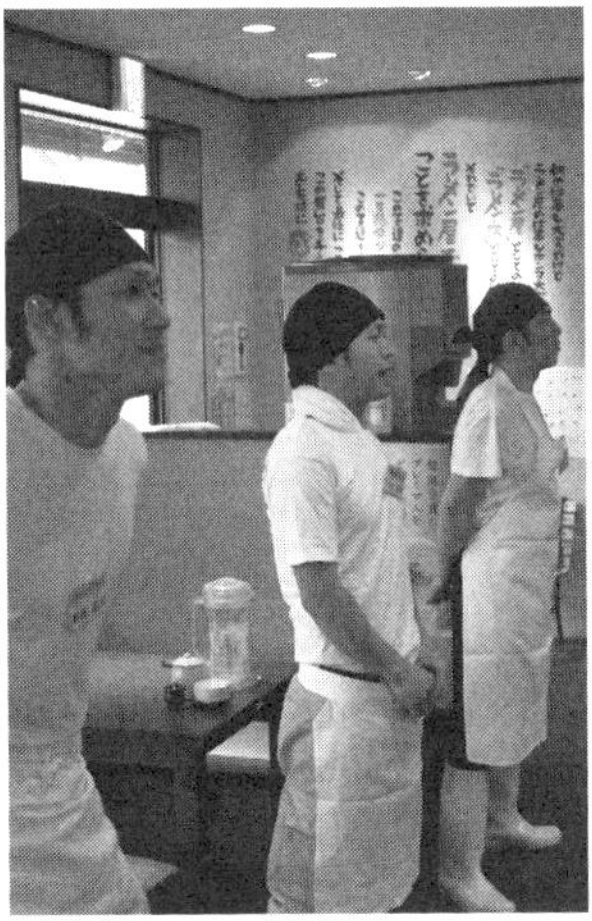

店長がアルバイトスタッフを褒めるだけでなく、
アルバイトスタッフ同士が褒め合うことが大切。
「1日の終わりに誰かを褒める」ことを習慣づけておくことで、
周りのスタッフの言動に目が向くようになります。

ワクワク! ハンジョウテン!　しかけ 45

年に一度のグランプリ

アルバイト歴1年になるスタッフは、かなり戦力化しているものですよね。一方で、1年経ったスタッフは仕事にマンネリ化しているのも事実。そこで有効なのが、年に一度、グランプリを決める選手権を実施することです。

何を指標にするのかは店舗によります、もっとも多いのは「接客グランプリ」や「調理グランプリ」。

他にも、業種ごとにさまざまな趣向を凝らすことができます。たとえば、「クレーム対応グランプリ」なんてことを行なっている企業もあります。お客様役の社員が言うクレームへの対応のよさを競うのです。さらには、レジの速さや笑顔での接客を競う「レジ打ちグランプリ」を開催しているスーパーチェーンや、「パンの並べ方グランプリ」に取り組むベーカリーチェーンなど……。1店舗経営のお店では、知り合いのお店と合同で行なっているケースもあります。

いずれの場合でも、「いい意味でライバル心を煽り、競争させる」と、緊張感や向上心が生まれます。

Point

「接客グランプリ」「調理グランプリ」
だけでなく、
「クレーム対応グランプリ」「レジ打ちグランプリ」
「パンの並べ方グランプリ」など、
業種ごとに趣向を凝らしたグランプリを
開催してみましょう！

ワクワク! ハンジョウテン! しかけ 46

皆勤グランプリ

「年に一度のグランプリ」応用編

店舗によっては、社員だけでなく、アルバイトスタッフにも皆勤手当を支給しているところがあります。そんな場合に提案したいのは、毎月皆勤手当を単に支給するのはなく、皆勤（無遅刻無欠席）も表彰制度にすることで、皆の前で褒められる＝嬉しいと感じさせるしかけです。

突発的に起こり、店長を悩ませているのが、当日の突然の欠勤。頭が痛いですよね。アルバイトスタッフの当日の遅刻や欠勤（しかも事後連絡）で悩んでいる店長から相談をいただくことは少なくありません。もちろん、突然の欠勤がないように日々の指導を行なうことは大前提ですが、この「皆勤グランプリ」を実施すれば、「遅刻せずにきちんと出勤する」ことを意識づけすることができます。

「○○さん、今月も皆勤だね。来月もがんばって！」
「△△くん、連続8ヶ月皆勤！　皆も見習ってね！」
と朝礼や夕礼などで直接褒めながら、皆勤を促します。

２月の皆勤
連続
８ヶ月
山田花子さん
おめでとう！
おめでとう

Point

「こんな当たり前のことで表彰するの？」と
疑問に思うかもしれませんが、
アルバイトスタッフにとって皆勤は
なかなか難しいものです。
グランプリ結果はバックヤードなどに
「見える化」し、
ここでも競争心を煽ります。

ワクワク! ハンジョウテン!　しかけ47

「ありがとう」を伝える給与明細のひと工夫

毎月の給与明細を、そのまま渡していないでしょうか? もちろん「今月もありがとう。来月もよろしく頼むね」といったひと言を添えて手渡していると思いますが、そこにひと工夫を加えましょう。給与明細に「ありがとうメッセージ」を手書きで添えるのです。ありがとう、という感謝の気持ちを伝えるわけですから、パソコンでキレイに作るよりも、手書きのほうが断然効果的です。

「初給与ですね。仲間になってくれてありがとう」

「今月はたくさん助けてくれて、ありがとう」

といったように、一人ひとりに応じたメッセージを書きます。そうすることで「ちゃんと一人ひとりを見てくれている」「先月と違うメッセージだ(嬉しい!)」とアルバイトスタッフに感じてもらうことができます。

複数店を展開している店舗なら、この時ばかりは店長ではなく社長が自ら書くと効果的です。

平成21年2月分　勤務記録・給与明細

ID	S52
氏名	道場太郎
郵便番号	242-0021
住所	大阪市中央2-5-20
電話番号	046-285-6432

勤務記録

日付	開始時間	終了時間	休憩時間	勤務時間	時給	交通費	合計
02/03(火)	9:00	14:00	1:00	4:00	800	540	3,740
02/04(水)	19:00	25:00	1:00	5:00	900	540	5,040
02/07(土)	14:00	19:00	0:00	5:00	800	540	4,540
02/07(土)	19:00	25:00	1:00	5:00	900	0	4,500
02/10(火)	9:00	14:00	1:00	4:00	800	540	3,740
02/11(水)	19:00	25:00	1:00	5:00	900	540	5,040
02/15(日)	9:00	20:00	1:30	9.30	800	540	8,140
02/17(火)	9:00	14:00	1:00	4:00	800	540	3,740
02/18(水)	19:00	25:00	1:00	5:00	900	540	5,040
02/21(土)	14:00	19:00	0:00	5:00	800	540	4,540
02/21(土)	19:00	25:00	1:00	5:00	900	0	4,500
合計				56.30			52,560

今月もお疲れ様でした!
いつも困った時にシフトに入ってくれてありがとう!
感謝しています!
来月は宴会シーズン!頼りにしてます!
店長 ●●

ワクワク! ハンジョウテン! しかけ48

年始に伝える「ありがとう」

「ありがとうメッセージ」応用編

最近では、店長がスタッフに年賀状を出すことはほとんどなくなっているとお聞きします。そもそも年賀状を出すことすら少なくなっているのかもしれませんね。

そうであるとしても、年の始まりは、スタッフ育成の絶好のチャンスです。年賀状とまではいかなくても、年始の挨拶や抱負として、店長がスタッフに1年間の感謝の気持ちと、来年もよろしくというメッセージを新年の挨拶に手渡すことも効果的です。口頭で「ありがとう」と伝えることはもちろん大切ですが、言葉はその一瞬一瞬で流れてしまいます。ですから、節目にはきちんと手書きで感謝の気持ちを伝えることは重要です。

お店（会社）の方針を日々の仕事の中でアルバイトスタッフに伝えきるのは時間的に難しいでしょうから、年に一度は書面で伝えましょう。年始の挨拶と称して、今年の店長（社長）の抱負をスタッフ一人ひとりに伝えていくことで、スタッフも気持ちが引き締まります。

A Happy New Year
1年間ありがとう。お疲れさまでした。
●●くんが入社してくれたおかげで
常連様がたくさん増えましたね。
ありがとう。感謝！！
今年も宜しく頼みますね！
店長　▲▲

年始は「昨年１年間の感謝の気持ち」と
「今年の抱負」を伝えるのに絶好のタイミング。
ここを逃す手はありません。普段は口頭で伝えている方も、
年始にはぜひ年賀状や、紙に書いたメッセージを
手渡してみてください。

おわりに

よいお店にするために本当に大切なこと

これまでたくさんの「しかけ」をご紹介してきましたが、最後にお伝えしたいのは、「『しかけ』はあくまでも『しかけ』でしかない」ということです。つまり指導する店長の「心」「志」がなければ、それは小手先のテクニックに過ぎません。心の通わない小手先のテクニックではすぐに化けの皮が剥がれ、それは不信感へとつながります。

私たちがコンサルティングをさせていただいている、あるパチンコ店では、数年前まで駐車場や裏口など、お客様から見える場所でも社員が平気でタバコを吸っていたそうです。当時、そのお店では、お客様を「客」と呼んでいました。もちろん、ホスピタリティやおもてなし、なんてものはありません。それが数年前から競合他社と差別化し、時代のニーズに合わせて変革せざるを得なくなり、社員はもちろん、アルバイト・パートを含めたスタッフ全員の接客の強化を図りました。

まず最初に着手したのは、「お客様と呼ぼう」「お客様から見える場所ではタバコを吸わない」、当たり前すぎるような2点です。その後、接客方法を統一、強化して、アルバイトの育成制度も整えました。今となっては当たり前に社員もアルバイト・パートスタッフも「お客様」と呼んでいます。また当然ですが、お店全体の雰囲気もガラリと変わりました。売上がどうなったかは、言わずともおわかりですよね（もちろん、大幅に伸びました！）。

このパチンコ店は、店長の「お客様・仕事に対する志」が変わり、それがスタッフ全員にしっかりと伝わった典型的な例です。店長がお客様を「客」と呼んでいたなら、どんなにスタッフを指導しようとも、誰も言うことを聞かなかったでしょう。

他にも仕事でたくさんの経営者や店長とお会いする機会がありますが、「素晴らしい！」と感じる経営者や店長のもとで働いているスタッフはどなたも、本当にイキイキ・ワクワクと働いています。そして彼らの話を聞くと、そこには店長への尊敬や憧れがあることに気づかされます。

「店長に教えてもらうことが本当に多い」

「店長には本当にお世話になっているから」

「店長のおかげで僕は（私は）変われた」

話を聞けば聞くほど、「みんなは店長のことをよく見ているな」と感じます。何気なく言ったひと言、行動を、彼らは実によく見ていて、彼らなりに「尊敬に値するか?」を判断しているのです。単なる業務の仕方や接客の方法だけではなく、考え方や生き方、働き方を指導している店長のもとには、とても優秀でイキイキ・ワクワクと働いているアルバイト・パートスタッフさんが揃っています。何と言っても、鍵は「店長（あなた）の志」であることを、忘れないでください。

もうひとつ、店長さんにはさらに大きな役割があることも覚えておいてください。飲食店や小売店では、高校生や大学生を雇う機会が多いことと思います。中には、あなたのお店が「初めてのアルバイト」というケースもあるでしょう。つまり、若年層の彼らを雇うということは、彼らの社会勉強をも担うことを意味します。

新卒採用をしている企業からよく相談されるのは、「学生の質が低い」ということです。でも実際には、決して学生の学力・知識レベルが低下したわけではありません。むしろ10～15年前に比べると、就職における知識の量は、今の学生のほうがはるかに多いと言えます。しかし、コミュニケーション力や、「働くことって、どういうこと?」という意識が低下しているのです。

そもそも、仕事に対する意識は、どうやって作られるものなのでしょうか？　それはアルバイトという社会経験を通じて醸成されていくのだと、私は思います。つまり、若年層をアルバイトとして雇用する店長は、「『社会人教育の第一歩』という重要な役割を担っている」ということを忘れないでほしい、と切に願います。

最後に、本書を書くにあたって、インタビューさせていただいた企業様、店長様、アルバイト・パートスタッフの皆さまに感謝申し上げます。特に、写真撮影及び掲載をご快諾くださいました、株式会社来来亭、ドリームフーズ株式会社、株式会社めんやの各社にはあらためて御礼申し上げます。

本書が、アルバイト・パートスタッフを雇用している多くの店長様の「育成・戦力化のヒント」となり、それによってお店が繁盛店となれば、これほど嬉しいことはありません。増え続けるアルバイト・パートスタッフ１２４５万人（２０１１年11月時点／厚生労働省調査）がもっとイキイキ・ワクワク働き、日本を元気にしていくひとつのきっかけとなれば、嬉しく思います。

株式会社ノーザンライツ　山口　しのぶ

【著者略歴】
山口しのぶ（やまぐち　しのぶ）
人材コンサルティング会社 株式会社ノーザンライツ ソリューション事業部ゼネラルマネジャー兼ワクワク研究所所長。アルバイト・パートの採用・定着・戦力化をメインコンセプトに、飲食業、アミューズメント企業を中心にコンサルティングを手掛ける。延べ3000店舗の支援をするなかで、採用コスト60%ダウン、定着化80%アップ、戦力化40%アップの実績を持つ。モットーは「丁寧な熱さ」。

【連絡先】
株式会社ノーザンライツ
大阪本社／大阪市北区東天満2-6-5　IS南森町ビル4F
TEL/06-6356-2903　FAX/06-6356-2912
東京支社／東京都千代田区九段北1-4-1　ブルックスビル9F
TEL/03-3262-8825　FAX/03-3262-8873

バイト・パートがワクワク動きだす！
繁盛店のしかけ48

平成24年2月14日　初版発行

著者　山口しのぶ

発行者　中島治久

発行所　同文舘出版株式会社
東京都千代田区神田神保町1-41　〒101-0051
営業(03)3294-1801　編集(03)3294-1802
振替 00100-8-42935　http://www.dobunkan.co.jp

 ISBN978-4-495-59681-1
印刷／製本：シナノ　Printed in Japan 2012